Gerd Schmoll

VERTRAUEN

Gerd Schmoll

VERTRAUEN

Rundfunkandachten

Fromm Verlag

Impressum/Imprint (nur für Deutschland/ only for Germany)
Bibliografische Information der Deutschen Nationalbibliothek: Die Deutsche Nationalbibliothek verzeichnet diese Publikation in der Deutschen Nationalbibliografie; detaillierte bibliografische Daten sind im Internet über http://dnb.d-nb.de abrufbar.

Coverbild: www.ingimage.com

Verlag: Der Fromm Verlag ist ein Imprint der
VDM Publishing House Ltd.,17 Rue Meldrum, Beau Bassin,1713-01 Mauritius
Website: www.frommverlag.de
Email: info@frommverlag.de

Gedruckt in USA, UK, Deutschland. Dieses Buch wurde nicht in Mauritius produziert

Imprint (only for USA, GB)
Bibliographic information published by the Deutsche Nationalbibliothek: The Deutsche Nationalbibliothek lists this publication in the Deutsche Nationalbibliografie; detailed bibliographic data are available in the Internet at http://dnb.d-nb.de .

Publisher:
Fromm Verlag is an imprint of the publishing house
VDM Publishing House Ltd.,17 Rue Meldrum, Beau Bassin,1713-01 Mauritius
Website: www.frommverlag.de
Email: info@frommverlag.de

Printed in: U.S.A., U.K., Germany. This book was not produced in Mauritius.

ISBN: 978-3-8416-0064-6

Vorwort

Die hier vorgelegten Andachten sind »Worte zum Tag« und wurden im 2. Programm des SWR jeweils drei Minuten vor 8 Uhr ausgestrahlt. Sie werden im Bad, beim Frühstück, im Auto nebenbei gehört oder auch bewusst eingeschaltet. Die Morgenstunde, die kurze Form und die unterschiedliche Art zu hören verlangen eine verständliche Sprache und die Beschränkung auf einen einzigen Grundgedanken. Die Andachten gehen auf Erfahrungen und Fragen der Menschen in unterschiedlichen Lebenssituationen ein. Diese werden mit den Verheißungen und Herausforderungen der Bibel und der christlichen Tradition zusammengeführt. Erfahrungen werden dadurch gedeutet, Fragen werden aufgegriffen, Antworten im »Dialog« mit den Hörerinnen und Hörern gesucht.

In den vorgelegten Andachten ist das entscheidende Ziel, durch das Hören auf Worte der Bibel und durch das Verstehen der christlichen Glaubenstradition zum Vertrauen zu helfen, zum Vertrauen auch in den »dunklen Tälern« des Lebens. Dadurch soll entscheidende Hilfe zum Leben im Alltag mit seinen Fragen und Herausforderungen angeboten werden. Vertrauen ist darum der Titel dieser kleinen Sammlung von Rundfunkandachten.

Inhaltsverzeichnis

Dunkle Täler

Geradezu idyllisch beginnt der bekannteste Psalm in der Bibel: Er malt einen Hirten mit seiner Herde. Der führt seine Schafe auf grüne Auen, wo sie satt werden können. Er bringt sie zu frischem Wasser, wo sie ihren Durst löschen. Er leitet sie sicher auf den richtigen Wegen. Er führt und beschützt sie, sie leiden keinen Mangel. Der Psalm beginnt mit den Worten: Der Herr ist mein Hirte, mir wird nichts mangeln. Man begreift: Da spricht einer von seinem Leben, voll Vertrauen, von einem behüteten Leben unter Gottes Schutz, von Gottes Führung und von dem, was Gott schenkt und was das Leben reich macht.

Geradezu idyllisch ist, was der Beter des Psalms da von sich und seinem Leben bekennt. Aber ist das wirklich seine Erfahrung? Kann seine Schilderung der Wirklichkeit standhalten? So behütet und geborgen ist menschliches Leben doch nicht! Ängste und Schrecken, Leiden und Schmerzen lösen die Zeiten des Glücks ja immer wieder ab und machen das Leben schwer. Seltsam, dass der Psalm gerade Menschen, die sich bedroht fühlen und leiden, anrührt und tröstet. Schildert der Psalm so etwas wie einen Traum mit einem Gegenbild zur bedrängenden Wirklichkeit, der Menschen entkommen wollen?

Man muss den plötzlichen Wechsel in den Bildern des Psalms wahrnehmen, um ihn zu verstehen. Es ist auf einmal gar nicht mehr idyllisch, wenn der Beter von dem dunklen Tal spricht, durch das er geführt wird, vom Tal der Todesschatten, wie es wörtlich heißt. Er ist dort bedroht. Es ist dunkel um ihn und in ihm. Im Bild vom finsteren Tal ist eingefangen, was Menschen bedrängt und bedroht. Man kann an Krankheit denken, an Lebenskrisen, aus denen man nicht mehr herauszukommen meint. Am Ende des Psalms ist plötzlich von Feinden die Rede. Bedrohungen durch andere Menschen fallen einem ein, Widerstände, die Lebensmöglichkeiten einschränken. Auch davon weiß der Beter dieses Psalms. Er kennt die dunklen Täler. Aber – er bekennt: Und ob ich schon wanderte im finstern Tal, fürchte ich kein Unglück; denn du bist bei mir, dein Stecken und Stab trösten mich.

Es ist der Kernsatz des Psalms, ein wunderbares Bekenntnis der Zuversicht. Die dunklen Täler im Leben werden nicht geleugnet. Aber gerade in ihnen kann man erfahren, dass man nicht verlassen ist. Du bist bei mir, darauf vertraut der Beter. Und glaubt darum auch dort an Schutz und Führung. Der Stecken ist die Keule, mit der der Hirte für die Herde kämpft. Mit dem Stab lenkt er sie – durch das dunkle Tal hindurch. Der gute Hirte des Neuen Testaments hat für seine Herde gekämpft – und sein Leben dabei verloren. Seinetwegen können wir auch in den dunklen Tälern glauben, dass wir keinen Augenblick verlassen sind.

Die Sprache des Glaubens

»Von der Predigt habe ich nicht viel verstanden«, bekennt ein Konfirmand, als im Unterricht über den Gottesdienst des vergangenen Sonntags gesprochen wird. Sie sei für ihn zu schwer gewesen. – Das kann an den komplizierten Gedankengängen des Predigers gelegen haben. Oder lag es eher daran, dass der Konfirmand, was er hörte, mit seiner Erfahrungswelt nicht zusammen bringen konnte? Lag es an der Sprache, an Worten, die in der Bibel und der Tradition der Kirche beheimatet, aber aus der Alltagssprache ausgewandert sind? – Ich denke, dass nicht nur Konfirmanden manchmal Mühe haben zusammen zu bringen, was sie in der Kirche hören und was sie in der Welt und in ihrem Leben erfahren. Gibt es so etwas wie eine Sprache des Glaubens, die man lernen muss, um zu verstehen, worum es im Glauben geht?

Gibt es eine Sprache des Glaubens? – Ich denke an Worte, die unverzichtbar sind, wenn man den Kern des christlichen Glaubens ausdrücken möchte. Zu ihnen gehört das Wort »Gnade«. Wir kennen die »Begnadigung« und wissen, dass durch sie eine verdiente Strafe abgekürzt wird. Die Gnade, von der der Glaube weiß, meint aber etwas Anderes: Sie wird anschaulich in den Geschichten der Bibel, die von Menschen erzählen, die Glück und Leid erleben, denen Gutes gelingt und die schreckliche Dinge tun können und schuldig werden – und die dann erfahren, dass Gott sie nicht aufgibt. Es sind Geschichten von Jesus und Worte von ihm, in denen man sich wiederfinden und dann entdecken kann: Da geht es auch um mich, um mein Leben. – Gnade wird erfahren, wenn man dann begreift: Auch ich bin von Gott vorbehaltlos angenommen. Ich muss es nicht immer spüren. Aber es ist mir zugesagt: Ich bin von Gott wert gehalten – und das hängt nicht von meinem Tun oder Lassen ab. Und ich bin keinen Augenblick verlassen. – Man lebt von der Gnade und mit ihr, wenn man das Vertrauen auf sie den eigenen Zweifeln, den Ängsten, dem Versagen entgegensetzt; wenn man sich an das, was versprochen ist, festklammert – gegen das Gefühl, von Gott oder auch von Menschen verlassen zu sein; wenn man, als Mensch, der auf Gnade immer angewiesen ist, andere nicht nach dem beurteilt, was sie haben oder leisten, wenn man ihnen als Mitmenschen, die wert gehalten sind wie man selbst, begegnet.

Die Sprache des Glaubens braucht solche Worte wie »Gnade«. Sie wird sie aber immer neu entfalten in Erfahrungen, durch die ins Leben gezogen wird, was sie meinen. Wenn das geschieht stiften sie Erfahrungen – heute, für Erwachsene und auch schon für Konfirmanden!

Die Erfahrung des Glaubens

Welche Erfahrungen macht man, wenn man glaubt? Was verändert sich im Leben des Menschen – so, dass er die Veränderung selbst erkennt und sie auch andere wahrnehmen?

Wer nach Erfahrungen des Glaubens fragt, muss vom Heiligen Geist sprechen. Er ist es, der Glauben weckt und durch ihn Erfahrungen. Da kann zum Beispiel ein Mensch in eine Krise geraten, die sein Leben durcheinander bringt und schweres Leid verursacht. Er kann nicht verstehen, was ihm widerfahren ist. Er quält sich mit dem Warum und findet keine Antwort. Es gibt keine glatten Lösungen für das, was ihm zu schaffen macht. Und doch verzweifelt er nicht, findet zu neuem Mut, zum Vertrauen, erfährt, dass er nicht verlassen ist, nicht von Menschen und auch nicht von Gott. Und er kann auch wieder andere Menschen in ihren S chwierigkeiten sehen, Abstand vom eigenen Leid gewinnen und sich anderen zuwenden.

Eine solche Erfahrung kann auf vielfältige Weise entstehen – in der Begegnung mit einem Menschen, der Worte findet, die einen berühren. Manchmal sind es besondere Zeiten, die ins Nachdenken führen – z.B. Urlaub, eine Krankheitszeit. Vor allem aber stiften die Geschichten und Worte der Bibel Erfahrungen des Glaubens. Immer wieder dann, wenn man auf sie gemeinsam hört und dabei Gemeinschaft erfährt. An die Worte der Bibel hat sich der Heilige Geist offenbar in besonderer Weise gebunden, um bei Menschen Erfahrungen des Glaubens zu wecken. Denn sie geben wieder, worauf sich der Glaube stützen und woran er sich orientieren kann: Gottes Geschichte mit den Menschen, Gottes Weg zu den Menschen in der Geschichte Jesu, Gottes Güte in seinen Zusagen, Leitlinien für gelingendes Leben.

Es ist gut, dass es vor allem diese Worte sind, die Erfahrungen des Glaubens vermitteln, Worte, die zugesprochen und gehört werden – in der Gemeinschaft von Menschen, die sie sich sagen lassen und dadurch zusammengehören. Denn Erfahrungen des Glaubens macht man nicht immer. Oft weichen sie der Sorge, der Angst, dem Zweifel, der Verzweiflung oder einfach Alltagserfahrungen, in denen der Glaube keinen Platz zu haben scheint. Man kann dann die Erfahrungen des Glaubens nicht selbst in sich wecken. Man kann sich in Durststrecken des Lebens und des Glaubens nicht selbst helfen. Man braucht die Worte der Bibel, die einen bewegen und einem – unter Umständen gegen das eigene Empfinden und viele Erfahrungen – versichern, dass man nicht verlassen ist und gebraucht wird – und dass man eben dies neu erfahren kann.

Der Kern des Glaubens

Was ist das Wichtigste im Leben? Wohlstand und Besitz? Wer arm ist, sehnt sich danach, verständlicherweise, und weiß zugleich, dass zum Leben mehr gehört als Besitz. Ist Gesundheit die Hauptsache? Sie ist ein hohes Gut. Man kann es einschätzen, wenn man krank ist. Aber man kann gesund sein und zugleich todunglücklich; man kann krank sein und dennoch das Leben bejahen. Die Lebensbejahung hängt entscheidend von den Beziehungen ab, in denen man lebt und die einen tragen. Sind also das Wichtigste im Leben nicht diese Beziehungen, die Erfahrung, geliebt zu werden und lieben zu können?

Die Hauptsache im Leben ist auch der Kern des Glaubens: Liebe. Gott selbst ist Liebe. So sagt es die Bibel. Und Luther hat dies in das schöne Bild gefasst: Er ist ein glühender Backofen voller Liebe, der da von der Erde bis an den Himmel reicht. In einem Gedicht las ich allerdings dazu den Satz: Daran habe ich selten gezweifelt, nur dass ich oft nicht wusste, wo der Ofen stand. Er reicht von der Erde bis an den Himmel, meinte Luther. Es gibt also keinen Ort, den Gottes Liebe nicht finden und darum auch keinen Menschen, der sie nicht entdecken könnte. Aber man sieht den Ofen der Liebe in der Tat nicht immer und überall. Schlimme Erfahrungen können den Blick verstellen, Versagen und Schuld blind machen. Man braucht einen bestimmten Ort, um zu entdecken, dass Gott Liebe ist und dass nichts, was auf Menschen lastet, von Gottes Liebe trennen kann. Dieser Ort ist die Geschichte Jesu, wenn sie erzählt wird und wenn zugesagt wird, dass in ihr Gottes Liebe auch für mich wahr geworden ist.

Liebe ist das Wichtigste auch im Glauben – die Erfahrung, geliebt zu werden und zu lieben. Es ist eine Erfahrung, die Menschen miteinander machen können. Und immer wieder wird es im Glauben auch eine Erfahrung mit Gott. Jesus hat darum alles, was von uns erwartet wird, mit dem Doppelgebot der Liebe zusammengefasst: Wir sollen Gott lieben und unseren Nächsten wie uns selbst. Gott lieben – das heißt, sich seine Liebe schenken lassen und ihr vertrauen. Den Nächsten lieben – das heißt, Andere annehmen, auch die Befremdlichen; von anderen Menschen her denken; Lasten Anderer wahrnehmen und Hilfe versuchen, auch für Menschen, denen, fern von uns, Gerechtigkeit vorenthalten wird und die an schlimmen Lebensverhältnissen leiden. Auch für sie will die Liebe eintreten. – Was unsere Liebe vermag, ist begrenzt. Aber wichtig ist, dass sie geschieht, weil wir geliebt sind! Denn Liebe ist der Kern des Glaubens.

Vom Recht auf Zweifel

Man muss sich nicht schämen, wenn man zweifelt. Es gibt keinen echten Glauben ohne Zweifel. Glaube und Zweifel sind wie Geschwister. Sie gehören zusammen, aber sie liegen ständig im Streit miteinander. Und das hat Gründe! Die hängen mit der Erfahrung und mit der Vernunft zusammen. Ich erfahre Inseln des Glücks in meinem Leben. Die machen dankbar; sie sind ja nicht selbstverständlich. Aber unversehens werde ich von ihnen wieder vertrieben, werde geschüttelt wie von den Wellen eines stürmischen Meeres, habe Angst und weiß nicht, ob und wann ich wieder festen Grund unter die Füße bekomme. Die Vernunft kann nicht verstehen, warum das so ist. Sie kann mit diesem unberechenbaren Wechsel von Glück und Leid nicht zurechtkommen. Sie kann auch nicht begreifen, warum manche Menschen Inseln des Glücks so gut wie nie erreichen können. Natürlich, durch die Vernunft kann man erkennen, wie Menschen durch falsches Handeln und falsche Ordnungen des Zusammenlebens einander Leid zufügen. Aber zu entschlüsseln ist dadurch noch nicht, warum die einen glücklich sind, die anderen unglücklich und warum Menschen Unrecht und Schmerzen gerade jetzt und so erleiden müssen. Für die Vernunft, die das alles nicht zu durchschauen vermag, bleibt die Welt im Dunkel. Und so stärkt sie den Zweifel, auch den Zweifel, der mit dem Glauben ringt und von der bedrückenden Abwesenheit Gottes weiß.

Nein, man muss sich nicht schämen, wenn man zweifelt. Aber der Zweifel macht einem zu schaffen. Ich weiß: Er nimmt nicht ab, wenn man älter wird; er nimmt eher zu, weil die Lebenserfahrungen zugenommen haben. Was kann geschehen, dass der Glaube von der Kraft des Zweifels nicht erstickt wird? Wie können die Geschwister Glaube und Zweifel bei einander bleiben – so, dass der Glaube immer wieder gegen den Zweifel antreten kann? Zuerst ist das Recht des Zweifels anzuerkennen. Den in der Vernunft gründenden Zweifel zu unterdrücken, hilft dem Glauben nicht. – Dann kann man beten und sollte mit dem Beten nicht aufhören. Einer hat gemeint, das Gebet sei die Kühnheit, die Gewichte im Leben zu fälschen, sodass das Leben gut wird. Man geht in ihm aus sich heraus, lässt die eigenen Erfahrungen hinter sich und, indem man sich an Gott wendet, vertraut und hofft man auch gegen den Augenschein. – Und schließlich kann man hören – auf die großen Zusagen der Bibel, die dem Vertrauen und der Hoffnung Recht geben und an denen man sich festhalten kann, mitten in den Stürmen.

Muss man das glauben?

Das glaube ich nicht, ich kann es nicht! So sagen oder denken viele Menschen, wenn sie einer Bibelstelle begegnen, die mit unserer Erfahrung der Realität schwer zusammen zu bringen ist. Vor allem die Wundergeschichten der Bibel ziehen den Zweifel auf sich. Zwar gehen die Heilungsgeschichten des Neuen Testaments, so sagen auch kritische Ausleger, wohl auf die zuverlässig bezeugte Tatsache zurück, dass Jesus Menschen geheilt hat. Schwieriger sei es aber z.B. mit den Naturwundern, so etwa mit der Geschichte von der Stillung des Sturms. Muss man das wirklich glauben?

Das Matthäusevangelium erzählt, Jesus sei in ein Boot gestiegen, um den See Genezareth zu überqueren. Und seine Jünger folgten ihm, wird ausdrücklich hinzugefügt. Auf dem See erhebt sich plötzlich ein gewaltiger Sturm, verursacht wohl durch einen der Fallwinde, wie sie dort häufig vorkommen. Die Wellen schlagen ins Boot, die Jünger fürchten sich. Jesus aber schläft. Die Jünger wecken Jesus auf, bitten ihn in ihrer Angst: Herr, hilf, wir kommen um! Jesus aber tadelt ihr schwaches Vertrauen, fragt, warum sie sich so fürchten. Dann bedroht er Wind und Wellen, und es wird ganz still.

Muss ich das wirklich glauben? Aber ist das die Frage, die man, wenn man die Geschichte verstehen will, so und zuerst stellen soll? Ob nicht eine andere Frage weiter bringt, die Frage: Warum erzählt das Evangelium diese Geschichte? Wenn man auf ihren Zusammenhang achtet, fällt etwas Bemerkenswertes auf: Der Geschichte gehen Worte Jesu an Menschen voraus, die ihm nachfolgen wollen oder die er auffordert, ihm zu folgen. Und es zeigt sich, dass es mit der Nachfolge gar nicht so leicht ist, dass sie mit Erfahrungen verbunden ist, die Menschen Angst machen. Und nach diesen Worten heißt es dann von den Jüngern, als Jesus ins Boot stieg: sie folgten ihm.

Der Erzähler der Geschichte hat offenbar auch bei seiner Geschichte an Erfahrungen gedacht, die Menschen machen, wenn sie an Jesus glauben und ihm folgen. Da gibt es, wie im Leben aller Menschen, »Stürme«, die Angst machen. Da kann man in den Stürmen den Eindruck haben, dass Gott »schläft«, sich nicht um einen kümmert. In den Stürmen kann man aber auch bitten, schreien, den scheinbar abwesenden Gott herbeirufen und erfahren, dass man nicht verlassen ist, dass man vertrauen kann, dass es wieder ganz still wird. – So verstanden, wird die Geschichte zu einem tröstlichen Gleichnis, dessen Wahrheit vielfach erfahren wurde und das einem in Stürmen helfen kann. Die zweifelnden Fragen an die Geschichte werden dann abgelöst durch die Entdeckung ihrer tröstlichen Wahrheit – für mich. – Ich glaube, bei den meisten Geschichten der Bibel kann und soll ich fragen: Was bedeutet das für mich!

Widersprüche

Widersprüche irritieren. Man findet sie in großer Zahl auch in der Bibel. Wer einigermaßen aufmerksam in ihr liest, stößt zwangsläufig auf sie, auch in für den Glauben wichtigen Überlieferungen. Zum Beispiel in den österlichen Geschichten vom leeren Grab, wie sie die Evangelien erzählen. Die Zahl der Frauen, die das Grab besuchen, was sie dort erleben, ihre Reaktion auf die Nachricht, Jesus sei auferstanden, und andere Details unterscheiden und widersprechen sich. Wie soll man damit umgehen?

Man muss sich sicher immer wieder klar machen, dass biblische Berichte keine historischen Protokolle sind, sondern dass sie meist durch einen langen Prozess mündlicher Überlieferung gingen. Dabei und bei ihrer schriftlichen Fixierung wurden sie von der Absicht bestimmt, Menschen in ihrer zeitgeschichtlichen Situation zum Glauben zu helfen und Glauben zu stärken. Das hat sich dann auch auf Form und Inhalt der Berichte ausgewirkt.

Dann muss man bedenken, wie sich in einer langen Geschichte Erfahrungen mit Gott verändert haben und Glaubenserkenntnisse gewachsen sind. Man kann es deutlich in der biblischen Überlieferung beobachten. Es war zum Beispiel ein langer Weg von dem »Gott der Kriege«, der die völlige Ausrottung eroberter Städte erwartet, über die prophetische Hoffnung auf das Ende aller Feindschaft und die Zeit dauerhaften Friedens bis hin zu Jesu Forderung der Feindesliebe in der Bergpredigt. Diese Entwicklung muss man bei manchen anstößigen Stellen, die anderen widersprechen, beachten. –Erkennen kann man allerdings auch, dass sich durch die biblische Überlieferung zu allen Zeiten und in unterschiedlichsten Situationen hindurch wie ein roter Faden die Erkenntnis zieht, dass sich Gott Armen, Elenden, Unterdrückten, Bedürftigen zuwendet und dass darum in der Bibel Gerechtigkeit und Barmherzigkeit zusammen gehören.

Aber wie soll man nun jeweils erkennen, worauf es in der Bibel ankommt? Wie findet man, was wahr ist und einem selbst hilft? Luther war da ganz zuversichtlich und meinte: Die Wahrheit der Bibel findet die, die lesen und suchen, was ihnen hilft. Die Bibel legt sich ihnen letztlich selbst aus. Und er hat auf einen Schlüssel hingewiesen, durch den sich die Tür öffnet, hinter der sich die Wahrheit der Bibel erschließt. Diesen »Schlüssel« hat er genannt: »Was Christum treibet«. Gemeint ist: Was auf die Wahrheit hindrängt, die durch Christus in die Welt gekommen ist, was ihn selbst nahe bringt und mit ihm verbindet. Die Wahrheit, die durch ihn uns findet, lautet: Gott ist Liebe, eine Liebe, die keinen Menschen aufgibt und lassen will. Und: Wer von dieser Liebe erfasst ist, wird von ihr lernen und sich in seinem Leben und Handeln von ihr bestimmen lassen.

Mehre uns den Glauben

Mehre uns den Glauben. Darum hatten die Jünger eines Tages Jesus gebeten. Sie hatten offenbar den Eindruck, dass ihrem Glauben etwas fehlt. Wer könnte sie darin nicht verstehen! Wer glaubt, kennt auch den Zweifel. Der kann überhand nehmen. Schnell kann das Vertrauen gestört oder zerstört werden – durch Krisen im Leben, durch Leid oder auch durch Versagen. Es ist wie bei dem Vertrauen zwischen Menschen: Wenn Menschen einander nicht mehr verstehen, schwindet das Vertrauen. So kann es auch sein, wenn man Gott nicht mehr versteht, wenn sich die Verbindung zu ihm lockert und man nicht mehr auf ihn hören und nicht mehr beten kann. – Die Jünger wussten offenbar etwas von den Gefährdungen des Vertrauens und haben darum gebeten: Mehre unseren Glauben! Wollten sie also einen großen Glauben, um diesen Gefährdungen zu entrinnen?

Jesu Antwort auf ihre Bitte muss die Jünger überraschen: Wenn ihr Glauben hättet so groß wie ein Senfkorn .... So beginnt seine Antwort. Man braucht also keinen großen Glauben. Ein kleiner Glaube genügt. Er macht alles möglich, was für uns Menschen wichtig ist. Der kleine Glaube nimmt nicht die Zweifel; er hält den Glaubenden auch nicht die Gefährdungen vom Leibe. Sie gehören zum Leben – und eben auch zum Glauben. Aber der Senfkornglaube findet immer wieder zum Vertrauen, das den Gefährdungen standhält, weil es sich an den klammert, der schenken kann, was dem Glauben fehlt.

Wie das aussieht, kann man an dem Vater erkennen, der Jesus für seinen epileptischen Sohn bittet. Eine lange Leidensgeschichte liegt hinter ihm. Von Kindheit an wurde sein Sohn bei seinen Anfällen wie von einer fremden Macht geschüttelt und zu Boden geworfen. Und der Vater musste ohnmächtig zusehen. Jetzt kommt der Vater zu Jesus – und kann seine Zweifel, ob Hilfe möglich ist, nicht unterdrücken: Wenn du etwas kannst, dann erbarme dich und hilf! Jesus kehrt aber dieses Wenn du etwas kannst um und fordert Glauben: Alle Dinge sind möglich dem, der glaubt. Der Vater weiß: Menschen sind nicht alle Dinge möglich. Er kennt seine Ohnmacht. Und er ahnt, dass sich der Glaube an den hängen muss, dem alle Dinge möglich sind. Er schreit: Ich glaube und sagt damit mehr, als er an sich erkennen kann. Er verlässt sich und seine in der Erfahrung gründenden Zweifel. Er kann es, weil er zugleich bittet: Hilf meinem Unglauben. Er verlässt sich also, um sich auf Jesus zu verlassen, auf seine Möglichkeiten. – Ich denke: Anders können wir nicht glauben als so. Was dem Glauben fehlt, ist also die immer neue Bitte, die sich an Gott hängt – und von ihm auch die Kraft zum Vertrauen erwartet.

Hoffnung hilft

Kann Hoffen helfen? Man kann ohne Hoffnung nicht leben! Aber wie kann sie helfen – z. B. in Krisenzeiten? Wenn Menschen von Sorgen und Zukunftsangst geplagt sind? Wenn sie fürchten zu verlieren, was sie haben – ihr Geld, die Arbeit, die Versorgung im Alter? Und wenn ihre Befürchtungen begründet sind?

Krisen geben der Angst vor der Zukunft reiche Nahrung. Ihre Folge ist ein Konjunktureinbruch auch in Deutschland. Der Abschwung trifft vor allem Industriezweige, die vom Export abhängig sind. Und schon entstand die Befürchtung, dass der Arbeitsmarkt zeitverzögert reagieren wird und Arbeitsplätze verloren gehen werden. Es ist selbstverständlich, dass Menschen sich Sorgen machen, auch ihr Geld zusammenhalten und nach Möglichkeit Vorsorge für die Zukunft treffen wollen. Es erscheint realistisch.

Aber mir scheint, dass diesem Realismus doch etwas fehlt. Was da nicht ausreicht, kann man sich klar machen, wenn man an die Wirkung von Prognosen auf Menschen und Märkte denkt. Da werden Gewinnwarnungen ausgegeben, und schon sinken die Aktienkurse, nach der Auskunft der Fachleute manchmal tiefer als ihr realer Wert. Da zerstören Krisenmeldungen Vertrauen, und Politiker versuchen durch Worte und Maßnahmen Vertrauen wieder zu gewinnen, Vertrauen auch in das Funktionieren der Märkte, weil sie wissen, dass Angst und Hoffnungslosigkeit auf das Zusammenleben und eben auch auf Wirtschaft und Wohlstand verheerende Wirkungen haben.

Hoffen dagegen kann helfen. Hoffnung hat im Zusammenleben Bindekraft. Sie steckt an. Sie widersetzt sich der Zukunftsangst. Sie ist, wie Ernst Bloch sagt, ins Gelingen verliebt statt ins Scheitern und setzt darum auf die Kraft der Vernunft und die Möglichkeit vernünftiger Lösungen. Aber natürlich braucht sie Gründe. Die sind nicht für alle Menschen gleich. Für Christen liegt der tragfähigste Grund in Jesu Aufforderung: Sorget nicht, in der Gewissheit, dass man sich mit allem, was belastet, Gott anvertrauen kann. Christen wissen, dass es vor der Sorge um die Bedürfnisse des täglichen Lebens, so wichtig diese sind, noch eine andere »Sorge« gibt, nämlich danach zu trachten, beim Vertrauen auf Gott und darum auch bei der Hoffnung zu bleiben. Diese »Sorge« macht frei, frei auch für den Blick auf Menschen, die noch ganz andere Krisen als man selbst durchzustehen haben. Schon dieser Blick kann helfen, in Krisen nicht unverhältnismäßig zu reagieren. Sie macht frei, Korrekturen einzufordern, mit Wegen aus der Krise fest zu rechnen und persönlich in der Kraft der Hoffnung zu leben und zu handeln.

Hoffnung kann enttäuschen

Hoffnung kann enttäuschen. Wer hätte es nicht schon erlebt – bei sich selbst oder bei anderen. Ich hatte so gehofft, dass alles gut werden würde. Und nun ist doch alles ganz anders geworden. Nun ist doch das Schlimmste eingetreten. Das sind Worte einer enttäuschten Hoffnung. Bei einer Routineuntersuchung wurde vielleicht das noch unklare Symptom einer Erkrankung entdeckt. Weitere Untersuchungen sollten Klarheit schaffen. Sie waren von der Hoffnung begleitet, dass sie am Ende zu einer günstigen Diagnose führen würden. Dann hat sich diese Hoffnung zerschlagen. Und man musste sich fragen, wie das Leben nun weitergehen soll oder gar, wie lange es einem noch geschenkt wird. – In vielen Lebenssituationen werden Hoffnungen enttäuscht, kleine Hoffnungen und große, die, wenn sie sich zerschlagen, das Leben verändern und schwer machen.

Enttäuschte Hoffnung ist eine bittere Erfahrung. Man steht mit ihr wie vor einer Tür, hinter der Angst und Verzweiflung lauern. Gibt es nichts, was diese Tür verschlossen hält? Und wenn sie sich öffnet, nichts, was im Dunkel enttäuschter Hoffnung aus der Verzweiflung heraushelfen kann?

Der Beter eines Psalms hat, was er erlebt, mit Worten geschildert, die nicht hoffnungsloser und verzweifelter hätten sein können: Er wird angefeindet und hat Angst. Freunde lassen ihn ihre Verachtung spüren. Er fühlt sich vergessen wie ein Toter. Er ist unendlich müde und kraftlos und wird dazu auch noch von Schuldgefühlen gequält. Ich bin geworden wie ein zerbrochenes Gefäß, stöhnt er. Aber – das alles spricht er aus in einem Gebet. Er spricht es aus vor Gott. Er schreit zu ihm – und kann dann plötzlich bekennen: Ich hoffe auf dich, Herr, und spreche: Du bist mein Gott. Und dann fügt er hinzu: Meine Zeit steht in deinen Händen. Meine Zeit, meine Zukunft, mein Leben in Gottes Hand! Ist das die Hoffnung gegen die Hoffnungslosigkeit?

Aber wie kommt es dazu? Du bist mein Gott, du bist mein, bekennt der Beter. Du bist mein – das ist die Sprache der Liebe. Kann nicht Liebe die Tür zur Verzweiflung verschlossen halten oder wieder verschließen? Das ist doch schon so bei der Liebe zwischen Menschen. Denn ein geliebter Mensch trägt mit, wenn Hoffnung enttäuscht. Wer sich von Gottes Liebe getragen weiß, hat erst recht Grund, gegen die Hoffnungslosigkeit zu hoffen. Es ist die Botschaft des Advents, dass Gottes Liebe zu jedem Menschen kommen und Menschen auch noch in den Abgründen des Lebens erreichen will. Das macht neue Hoffnung auch in der Enttäuschung möglich, die Hoffnung, dass man nicht allein gelassen ist.

Hoffnungsbilder

Die Hoffnung braucht Bilder. Sie richtet sich ja auf Zukünftiges, das erst in unseren Vorstellungen und Erwartungen gegenwärtig ist. Erst recht gilt das für die Hoffnung, die über diese Welt und unser Leben hinausreicht. Im Buch der Offenbarung ist an einer der schönsten Stellen der Bibel von dieser Hoffnung die Rede – in einem kleinen, wunderbaren Bilderbuch über den neuen Himmel und die neue Erde.

Ein Bild erscheint in diesem Bilderbuch nicht: das Bild vom Meer. Das Meer ist in biblischen Zeiten nicht ein Ort sonniger Ferientage, sondern ein Bild für Bedrohung und Zerstörung, wie wir sie von Sturmfluten kennen. In der erhofften Zukunft gibt es die Leben zerstörenden Gewalten nicht mehr. Darum wird ausdrücklich gesagt: und das Meer ist nicht mehr.

Das Bilderbuch zeigt aber eine Stadt, das neue Jerusalem. Jerusalem, die Stadt des Friedens, die so weit vom Frieden entfernt ist, wird in der Hoffnung zum Ort, an dem man in ewigem, unzerstörbarem Frieden wohnen kann. Die Stadt kommt vom Himmel; Gott hat sie gebaut. Menschen gelingt es offenbar nicht, den Ort vollkommenen Friedens zu errichten. Die Hoffnung auf bleibenden Frieden ist darum Hoffnung auf Gott.

Plötzlich wechselt das Bild: Die Stadt wird zur Braut im Festkleid, die sich für den geliebten Mann geschmückt hat. Es ist für sie der Tag der Vereinigung mit ihrem Mann, die Erfüllung der Liebe, die Mann und Frau miteinander verbindet. Die Hoffnung weiß: In der Zukunft wird die Liebe zu dem Erfüllung finden, der uns liebt, der die Kraft der Liebe schon in die alte Welt gelegt hat und uns jetzt schon Anfänge der Liebe möglich macht.

Das wird so sein, weil Gott seine Wohnung, sein Zelt, wie es wörtlich heißt, bei den Menschen hat. Das ist die Erinnerung an das heilige Zelt, das Israel auf seiner Wüstenwanderung begleitet und in dem sich Gott immer wieder offenbart hat. Die Hoffnung weiß: Gott wird einst ganz nahe sein. Bei ihm und durch ihn wird es eine letzte und bleibende Geborgenheit geben.

Was das bedeutet, sagt ein Bild von großer Zartheit: Gott wird abwischen alle Tränen von unseren Augen; dann heißt es: und der Tod wird nicht mehr sein noch Leid noch Geschrei noch Schmerz wird mehr sein. Die Hoffnung weiß, dass Gott trösten und allem, was weh tut, ein Ende setzen wird. – In der Kraft dieser Hoffnung kann man leben – und dann auch tun, was Hoffnung macht. ....

Vom Hören

Kannst Du denn nicht hören?! Diesen zornigen Aufschrei kennen alle geplagten Eltern, deren heranwachsende Kinder wieder einmal überhört, vergessen oder bewusst ignoriert haben, was ihnen gesagt worden war. Aber nicht nur Heranwachsende tun sich mit dem Hören schwer. Bekannt ist, dass wir alle am ehesten hören, was uns in unseren Überzeugungen bestätigt, was wir wollen. Was unserem Denken und Wollen nicht entspricht, rauscht an unseren Ohren vorbei oder wir verdrängen und vergessen es. Selektives Hören, wird das dann genannt. – Manchmal können wir etwas nicht mehr hören: nichtssagende Floskeln, falsche Versprechungen, vor allem bedrückende Nachrichten über nicht endende Krisen. Wir verschließen die Ohren. In einer Art Selbstschutz verdrängen und vergessen wir, was uns ärgert oder belastet. – Manchmal vergessen wir, was wir gehört oder sogar gelernt haben; es hinterlässt kaum mehr Spuren bei uns. Man kann z.B. staunen, wie wenig Jugendliche, die jahrelang Religionsunterricht erhalten und einen guten Konfirmandenunterricht besucht haben, am Ende vom christlichen Glauben und Glaubenstraditionen wissen. Ein Hauptgrund dafür liegt wohl darin, dass das Gehörte und Gelernte keinen Raum in ihrem Leben gefunden hat. Dies wiederum ist schwer möglich, wenn es die gleiche Leerstelle auch in ihrer Umgebung gibt und ihnen keine Menschen begegnen, die erkennbar in ihrem Glauben leben.

Aber das Hören kann auch gelingen. Und das kann dann große Wirkungen haben: Ein trauriger Mensch hört ein tröstliches Wort und kann wieder hoffen. Ein Verzweifelter hört auf einen guten Rat und wagt erste Schritte aus seiner Niedergeschlagenheit. Ein Mensch, der einem anderen Unrecht getan hat, hört, dass ihm verziehen ist, und fühlt sich wie befreit. Menschen hören vom Elend anderer, von der Bedrängnis einer Migrantenfamilie, von einer Katastrophe, die Menschen alles genommen hat, was sie besaßen und werden angerührt, setzen sich ein, helfen. – Das Hören kann gelingen. Damit rechnet auch Paulus, wenn er im Römerbrief sagt: Der Glaube kommt aus dem Hören. Dass aus dem Hören Glaube wird, ist allerdings nicht selbstverständlich. Das Gehörte muss zu Herzen gehen. Wer Ohren hat zu hören, der höre, hat Jesus darum seinen Zuhörern immer wieder zugerufen. Das ist eine Aufforderung, doch nicht weg zu hören. Es ist zugleich aber auch Ausdruck des Vertrauens, dass es Menschen gegeben wird zu hören und zu verstehen. So geschieht es immer wieder, bis heute: Ein Wort der Bibel spricht in einer besonderen Lebenssituation so zu einem, dass man begreift: damit bin jetzt ich gemeint. Ein Gottesdienst oder das Wort eines Mitchristen trifft oder tröstet einen so, dass man das Gehörte mitnimmt und es Vertrauen stärkt oder das Verhalten verändert. Gott spricht zu uns, und das Gehörte bekommt Raum im Leben und formt es.

Durch Hören sehen

Er war mir auf den ersten Blick nicht sehr sympathisch. Irgendwie habe ich mir von ihm ein Bild gemacht, das mir nicht besonders gefiel. Dann kamen wir ins Gespräch. Dabei merkte ich, was für ein interessanter und auch warmherziger Mensch er ist. Mein Bild von ihm musste ich korrigieren. – Immer wieder täuscht man sich beim Sehen und muss dann seine Sicht verändern, nachdem man gehört hat. – Manchmal muss man sehr genau hinhören. Wenn man den Streit zwischen zwei Menschen verstehen und ihnen helfen will, den Streit zu begraben, genügt es nicht, nur den einen Konfliktpartner zu hören. Man muss beide hören, um ein genaues Bild von den Sachverhalten zu gewinnen. – Was man hört, muss überzeugen, einen berühren, muss ansprechend sein. So geht es einem jedenfalls im Glauben. Glaube entsteht dadurch, dass man sich durch Worte angesprochen fühlt und begreift: Du bist gemeint. So verändert sich dann das Bild vom eigenen Leben, von dem, was man erlebt, vom Weg, den man in seinem Leben gehen kann und soll.

In der vielleicht schönsten Ostergeschichte der Bibel wird erzählt, wie es durch Hören zum Sehen kommt und wie sich dadurch Trauer in Freude verwandelt. Ich meine die Geschichte von Maria aus Magdala, die in ihrem Schmerz über Jesu Tod zum Grab Jesu geht. Sie steht vor dem Grab und weint – über den Verlust, über den schrecklichen Tod Jesu, durch den so viele Hoffnungen zerstört sind. Sie sieht in das Felsengrab – und findet es leer. Das macht sie völlig ratlos. Sie wendet sich um und sieht den Auferstandenen, erkennt ihn aber nicht. Er fragt sie: Was weinst du? Wen suchst du? Sie hält den Fragenden für den Gärtner und will wissen, ob er den Leichnam Jesu weggenommen hat; er soll es ihr sagen, damit sie ihn holen und wieder an den Ort der Trauer bringen kann. Vielleicht sieht sie, wie unsinnig diese Frage ist und wendet sich halb ab. Dann hört sie ihren Namen: Maria. Der Fremde spricht sie an, nennt sie bei ihrem Namen. Jetzt werden ihre Augen aufgetan. Sie erkennt Jesus und kann ihn anreden – mit der ihr vertrauten Anrede: Rabbuni, Meister! Und gleich bekommt sie einen Auftrag: Sie soll den Jüngern von ihrer Begegnung mit dem Auferstandenen berichten.

Durch Hören entsteht Glaube. Durch Worte, die einen ansprechen und bewegen, wird der Glaube gestärkt – so, dass er auch in Krisenzeiten nicht verloren geht. Durch das Hören auf Worte, die zusagen, dass man angenommen und geliebt ist,

sieht man sich neu und erkennt, wer man ist, nimmt in dem, was einem widerfährt, Gottes Gaben wahr und sieht Aufgaben, die es anzupacken gilt.

Vom nachdrücklichen Beten

Nachdrücklich soll das Beten sein, beharrlich das Bitten. Martin Luther, ein großer Beter, hat davon eindrucksvoll gesprochen. Er wusste, wie schnell das Beten verstummen kann, wenn man meint, im Gebet wie gegen eine Wand zu reden und Gott nicht zu hören scheint. In Anknüpfung an ein Wort Jesu schildert Luther, wie es einem beim Beten gehen kann und was man dann tun soll: Zuerst fängt man an zu bitten. Aber es scheint so, als wolle sich Gott verkriechen und höre weg. Dann muss man ihn suchen. Aber es sieht so aus, als ob er sich in seiner Kammer verschließe. Dann muss man klopfen, einmal, zweimal; aber offenbar überhöre Gott es. Dann muss man immer weiter klopfen, wie wenn man Gott aufwecken müsste. Dann wird er – darauf vertraut Luther – schließlich die Tür öffnen und antworten. Darum fordert er zum Beten mit den Worten auf: Bittet, ruft, schreit, sucht, klopft, poltert! Das muss man für und für treiben, ohne Aufhören.

Wie viel Kraft und Konzentration ein solches Beten braucht, wusste Luther auch. Ein Freund erzählt, wie bei einer Mahlzeit der Hund Luthers von seinem Herrn ein Stück Fleisch erwartete, wie er gierig und unverwandt auf das Fleisch in Luthers Hand schaute. Der sah es und rief aus: O dass ich so beten könnte, wie der Hund auf das Fleisch kann sehen! Seine Gedanken stehen alle auf das Stück Fleisch, sonst denkt, wünscht, hofft er nichts. So konzentriert zu beten, so beharrlich auf Gottes schenkende Hand zu schauen, das will oft nicht gelingen. Vor allem dann nicht, wenn man unter Druck steht und bedrängt ist von Problemen und von Ängsten.

So ist es einem biblischen Beter gegangen. In einem Psalm klagt er über eine Bedrohung, die ihm Angst macht. Sehr konkret wird der Psalm nicht; aber gerade dadurch wird die Not des Beters damals zum Bild für alle möglichen äußeren und inneren Bedrängnisse, in denen man sich wiederfinden kann. – Der Beter klagt und schreit. Da rät ihm ein Priester im Heiligtum: Wirf dein Anliegen auf den Herrn. Und verspricht ihm: der wird dich versorgen. Wegwerfen, mit aller Kraft auf Gott werfen soll der Klagende, was ihn bedrängt, es ihm vor die Füße werfen soll er. Sein Klagen und Schreien bekommt so ein Ziel. Und die Kraft zu werfen kommt aus der Zusage, dass Gott sorgen wird. – Auch Luther hat in seinem Beten auf diese Kraft gesetzt. Er forderte kraftlose Beter dazu auf, Gott den Sack seiner Verheißungen vor die Füße zu werfen. In diesem Sack steckt auch die Zusage, dass Gott unkonzentriertes Stammeln und Seufzen hört und dass er weiß, was wir brauchen, bevor wir ihn bitten. Das hilft beim Beten – und gibt dann auch die Kraft, nach dem Bitten das Nötige zu tun, voll Vertrauen auf Gottes Beistand.

Ich brauche die Kirche

Die Kirche brauche ich nicht. Ich brauche sie nicht für meinen Glauben. Ich brauche sie nicht für mein Leben. Viele Menschen denken so und sagen es auch. Dafür gibt es ganz unterschiedliche Gründe: Ein Elternhaus, das schon keinen Kontakt zur Kirche hatte, ein Leben im Alltag, von dem eine Brücke zum Leben in einer Gemeinde nicht gefunden wird, die Fremdheit der Formen, in denen sich kirchliches Leben abspielt, schlechte Erfahrungen mit der Kirche, mit einem ihrer Vertreter, vielleicht auch die Zugehörigkeit zu einer lebendigen Gemeinschaft, in der Glauben anders gelebt wird und in der man sich zu Hause fühlt. Ganz unterschiedliche Erfahrungen führen Menschen dazu zu sagen: Die Kirche brauche ich nicht. Diese Erfahrungen muss man respektieren.

Ich brauche die Kirche. Ich will Ihnen heute Morgen sagen, warum das so ist. Meine Eltern haben mich auch in der Nazizeit in den Kindergottesdienst geschickt, auch wenn sie selbst nicht regelmäßig an Gottesdiensten teilgenommen haben. Es war aber vor allem die kirchliche Jugendarbeit, die mir Kirche nahe gebracht hat. Eindrucksvolle Jugendleiter und die Gemeinschaft mit anderen Jugendlichen haben mich geprägt. Auch die Beschäftigung mit der Bibel hatte in der schwierigen Nachkriegszeit selbstverständlich einen angemessenen Platz bei den Zusammenkünften. So Manches in dem Buch aus einer fremden Welt habe ich nicht verstanden; so Manches macht mir bis heute zu schaffen. Aber irgendwann habe ich mich dem Kern der biblischen Überlieferung angenähert. Ich buchstabiere ihn bis heute, kann aber nicht auf ihn verzichten. Ich muss immer neu hören und mir sagen lassen, was meinen Glauben erst möglich macht und mir im Leben hilft. Ich bin ein Mensch, der den Unterschied zwischen dem, was er sein soll und was er in Wirklichkeit ist, oft schmerzhaft empfindet. Ich weiß, dass ich immer wieder hinter dem zurückbleibe, was ich eigentlich sein möchte und tun sollte. Immer wieder holt mich die Erkenntnis ein, dass ich nicht eins sein kann mit mir. Aber dann höre ich, was ich mir nicht selbst sagen kann: Ich bin dennoch angenommen und darf mich darum selbst annehmen. Ich bin voraussetzungslos geliebt und kann im Vertrauen auf diese Liebe leben. Ich kann es mir nicht selbst sagen. Aber in der Kirche höre ich es. Dort geht es vor allem um die Geschichte des Jesus von Nazareth, darum, was sie bedeutet. In ihr entdecke ich Liebe, Gottes Liebe. Und sie wird mir zugesagt. Das brauche ich. Darum brauche ich die Kirche. – Der Ort, an dem ich vor allem hören kann, was mir hilft, ist der Gottesdienst. Ich brauche ihn – auch noch aus anderen Gründen: Durch die alten Worte der Liturgie gelange ich in einen Raum der Geborgenheit. Ich kann mit anderen zusammen hören, was mir hilft, kann mit ihnen zusammen beten und singen und erfahre, dass ganz verschiedenartige Menschen, die sich oft nicht verstehen und Konflikte miteinander haben, zusammengehören.

Ich werde gebraucht

Ich werde gebraucht – wer das weiß und spürt, freut sich darüber. Alte Menschen meinen manchmal, dass sie nicht mehr gebraucht werden, und beklagen es. Menschen ohne Erwerbsarbeit empfinden Leere in ihrem Leben. Wer zur Kirche gehören will, kann wissen, dass er gebraucht wird. Ein schönes Bild der Bibel beschreibt die Kirche so: Sie ist wie ein Haus. Das Fundament, auf dem das Haus der Kirche ruht, ist, was die Menschen am Anfang der Kirche erfahren und weitergegeben haben. Der Grundstein, der das Fundament zusammenhält, ist Jesus Christus. Die Menschen in der Kirche aber sind die Steine, mit denen der Bau aufgerichtet wird. Sie tragen andere Steine und werden von anderen getragen. Sie werden alle gebraucht. So gilt in der Kirche: Ich werde gebraucht.

Alle werden in der Kirche gebraucht. Ich werde gebraucht. Aber wozu?

Die Kirche braucht meine Erfahrungen mit dem Glauben im Alltag. Meine Fragen, meine Zweifel, auch meine Kritik müssen Raum haben in der Kirche. Wenn sie gehört werden, gewinnt die Kirche die Realität, in der die Verkündigung des Evangeliums »ankommen« und verstanden werden soll. Und wenn das Gespräch über Glaubenserfahrungen im Alltag in ihr Platz hat, kann so etwas wie eine Sprachschule entstehen, durch die man befähigt wird, Auskunft über das zu geben, was einen im Glauben hält und trägt. Dieses Sprechen über den Glauben im Alltag braucht die Kirche. Nur so kann sie ihren Verkündigungsauftrag erfüllen. Und ich werde dazu gebraucht.

Glaube kann nicht folgenlos bleiben. Immer wieder muss und wird er die Zuwendung zu Mitmenschen zur Folge haben. Glaube und Liebe gehören zusammen. Auch ich werde dazu gebraucht, dass sie zusammen bleiben. Natürlich, es gibt die Diakonie, wo Menschen in unterschiedlichen Einrichtungen professionell geholfen wird. Das ist gut so. Es ersetzt aber nicht die vielfältigen Formen der Zuwendung zu anderen Menschen im persönlichen Umfeld, zum Beispiel in der Nachbarschaft, in der Gemeinde mit ihren Hilfsprojekten. Ehrenamtliche Mitarbeit in der Gemeinde auf unterschiedliche Art ist notwendig. Sie braucht die Kirche.

Und wenn man alt oder krank ist und all dies nicht mehr vermag? Dann kann man für andere und für die Kirche beten. Und das braucht die Kirche ganz besonders. Man kann gerade auch damit erfahren, dass man zur Kirche gehört, dass man zusammen mit Anderen Kirche ist.

Trost und Trotz

Eine Mischung aus Trost und Trotz würde seine Lieder auszeichnen, hat einer gemeint. Eine notwendige Mischung: Denn Trost ohne Trotz sei weinerlich, Trotz ohne Trost würde verbittern. Die Rede ist von den Liedern Paul Gerhardts.

Wie sehr Paul Gerhardt selbst auf Trost angewiesen war, zeigt schon ein kurzer Blick auf seine Biographie: Mit 12 Jahren hat er seinen Vater, mit 14 seine Mutter verloren. Erst mit 48 Jahren hat er seine erste Pfarrstelle antreten können, dann erst war eine Heirat möglich. Von fünf Kindern hat aber nur ein Sohn die Eltern überlebt. Seine Frau starb nach dreizehnjähriger Ehe, kurz nachdem er sein Amt an der Berliner Nicolaikirche verloren hatte, weil er aus Gewissensgründen eine vom Landesherrn verlangte Unterschrift verweigert hatte. Paul Gerhardt hat die Schrecken des dreißigjährigen Krieges, das Leiden der Menschen erlebt und selbst den von den Eltern ererbten Besitz verloren. Sein Weg, den er gehen musste, führte, wie es in einem Lied heißt, durch so viel Angst und Plagen, durch Zittern und durch Zagen, durch Krieg und große Schrecken, die alle Welt bedecken. Er war selbst trostbedürftig und konnte doch wunderbar trösten, z.B. in dem Lied, das Theodor Fontane »das große deutsche Tröstelied« genannt hat: Befiehl du deine Wege und was dein Herze kränkt, der allertreusten Pflege des, der den Himmel lenkt. Der Wolken, Luft und Winden gibt Wege, Lauf und Bahn, der wird auch Wege finden, da dein Fuß gehen kann.

Er konnte trösten, weil er sich selbst trösten ließ und dann den Trost, den er selbst empfing, allen Leiden trotzig entgegensetzte. Zum Beispiel in dem Lied: Ist Gott für mich, so trete alles wieder mich; sooft ich ruf und bete, weicht alles hinter sich. Hab ich das Haupt zum Freunde und bin geliebt bei Gott, was kann mir tun der Feinde und Widersacher Rott. Paul Gerhardt legt in diesem Lied einen Abschnitt aus dem Römerbrief des Paulus aus. An dessen Ende heißt es: Nichts kann uns scheiden von der Liebe Gottes, die in Jesus Christus ist, unserem Herrn. Trotzig vertraut der Dichter so vieler tröstlicher Lieder darauf – gegen alle Erfahrungen von Leid. Mit diesem Vertrauen konnte er sich auch trotzig auf sein Gewissen berufen, an seinem Glauben festhalten und sich seinem Landesherrn widersetzen, auch wenn ihn das seine Stelle gekostet hat. Trost und Trotz gehören wirklich zusammen. Macht dies die Wirkung seiner Lieder bis heute aus? Sicher wirken sie auch, weil sie von hoher sprachlicher Qualität sind. Auch weil sie von zwei kongenialen Kantoren an der Nicolaikirche in Berlin vertont wurden. Vor allem aber, weil in ihnen immer wieder der Kern der biblischen Botschaft und der Grund für Trost und Trotz in Liedform gebracht wird. Und der heißt: Wir sind geliebt!

Wir sind gefragt

Adam, wo bist du? In der alten Geschichte von der Erschaffung der Welt und des Menschen wandelt Gott in der Abendkühle im Paradiesesgarten. So nahe ist Gott dem Menschen. Aber der Mensch versteckt sich – aus Furcht und aus Scham. Er hat sich ja aus dem Vertrauensverhältnis zu Gott gelöst und sich von ihm entfernt. Jetzt erträgt er diese Nähe nicht mehr. Furcht und Scham beherrschen ihn. Und nun ruft ihn Gott und fragt: Wo bist du, Mensch? Und als der seine Furcht und Scham gesteht, fragt er ihn: Was hast du getan? Im folgenden Gespräch werden die Folgen des Vertrauensbruchs genannt, und es wird erkennbar, dass die Entfernung von Gott auch einen Keil zwischen die Menschen treibt: Auf schäbige Weise schieben sie die Verantwortung für das Geschehene auf einander oder auf die Umstände ab.

Die Bilder der alten Geschichten machen auf wunderbare Weise anschaulich, dass der Mensch, der so viele Fragen hat und zu dessen Wesen das Fragen gehört, sich auch Fragen stellen muss. Mensch, wo bist du? Das ist die Frage nach dem »Ort«, an dem man sein Leben eingerichtet hat. Ist er dort, wo man sich, ganz auf sich selbst gestellt, fürchten muss? Wo man nicht sehen lassen kann, wie man wirklich ist, sich nicht einmal selbst zu sehen vermag? Es ist letztlich die Frage nach Gott und nach der Beziehung zu ihm. – Was hast du getan? Das ist die Frage nach der Verantwortung des Menschen. Er kann sie nicht abschieben. Zwar ist es richtig, dass manchmal das Unrecht anderer Menschen den eigenen Taten vorausgeht. Es ist auch richtig, dass Umstände und Verhältnisse ungerechtes Verhalten verursachen können. Dies alles entlastet aber nicht von der Verantwortung für das eigene Verhalten. Es bleibt immer auch das eigene Tun, das zu vielfältigen Störungen im Leben führt. Darum ist die Frage in der Geschichte vom Konflikt zwischen Kain und Abel und vom Brudermord so wichtig, die Frage: Wo ist dein Bruder Abel? Wo ist dein Mitmensch? Was tust du ihm an? Was versäumst du an ihm? Die Frage macht deutlich: Was Menschen tun, wird böse, wenn es sich gegen das Leben von Mitmenschen richtet, wenn es das Miteinander stört oder zerstört.

Wir Menschen werden gefragt – nach Gott, nach unserer Verantwortung, nach unseren Mitmenschen. Wir spüren es manchmal, wenn wir merken, was wir mit unserem Verhalten angerichtet haben. Oder wenn uns das Wort eines anderen Menschen, ein Wort der Bibel die Augen öffnet. Gott fragt uns, er bricht die Beziehung zu uns also nicht ab. Wir bleiben so Menschen, die gefragt sind, gefragt von ihm, gefragt bei ihm. Wir bleiben wichtig für ihn. Das lässt hoffen. Gott gibt uns nicht auf. Und hört darum nicht auf, mit uns zu reden. Das ist es, was zum Vertrauen und zum Guten hilft, immer neu.

Wohin gehen?

Wohin sollen wir gehen? So fragt einer Jesus in einer spannenden Szene, die das Johannesevangelium erzählt. Sie beginnt mit einer großen Enttäuschung. Jesus hat gepredigt und wurde von Vielen nicht verstanden. Es sei eine »harte Rede« gewesen, meinen sie murrend. Sie sind ihm bisher gefolgt, haben viel von ihm für ihr Leben erwartet. Jetzt wenden sie sich enttäuscht von ihm ab. Jesus sieht es und fragt die zwölf Jünger: Wollt ihr auch weggehen? Ihr Sprecher, Simon Petrus, antwortet mit seiner Frage: Herr, wohin sollen wir gehen?

Wohin sollen wir gehen? Wohin soll ich gehen? Was ist mein Weg? In so manchen Lebenssituationen ist das die Frage: bei der Berufswahl, bei einem Wechsel des Arbeitsplatzes, bei der Entscheidung für einen Menschen, immer wieder bei einem schweren Verlust, im Leid, durch das sich alles im Leben verändert hat. In solchen Lebenssituationen ist die Frage, wohin man gehen soll, unabweisbar. Aber ist sie nicht die Grundfrage, die uns das ganze Leben begleitet, auch wenn sie uns nicht immer umtreibt? Ist es nicht die Frage nach dem, worauf wir uns im Leben verlassen, woran wir uns halten können und woran sich unser Handeln orientieren soll? Einer hat gemeint, mit dieser Frage sei es manchmal wie mit Glocken in einer fremden Stadt. Man hört zwar ihr Läuten, aber man weiß nicht, wo sie hängen. Man weiß oft nicht, wo die Frage nach dem Weg und die Antwort auf sie ihren Ort haben.

Petrus war damals überzeugt, diesen Ort gefunden zu haben. Herr, wohin sollen wir gehen? fragt er. Und fügt hinzu: Du hast Worte des ewigen Lebens; und wir haben geglaubt und erkannt: Du bist der Heilige Gottes. Er will nicht weggehen. Er hat Antwort auf seine Frage bei Jesus gefunden. Der ist den Weg des Menschen gegangen ist und hat sie gesucht. In seinen Worten, auch wenn die manchmal hart klingen, hat Petrus gehört, was trägt und Leben schenkt: eine Liebe, die Menschen mit ihren Fragen, ihren Zweifeln, ihrem Versagen nicht lässt, die sie aber auch in Anspruch nimmt und in immer neuen Anfängen zum Lieben befähigt. Darum bekennt er sich mit den anderen zu Jesus mit dem Satz: Du bist der Heilige Gottes. Das ist ein eigenwilliger Ausdruck für Jesus und bedeutet: Du gehörst ganz zu Gott, aber durch dich ist Gott auch ganz da für uns. So bekennt Petrus auf seine Weise, dass er bei Jesus gehört hat, was dem Leben bleibenden Halt und Orientierung gibt.

Und wenn mich Jesu Worte nicht oder nicht mehrerreichen? Dann kann ich weiter fragen: Wohin soll ich gehen? Und kann hoffen, dass Jesus nach mir fragt, mich nicht aufgibt, wieder zu mir spricht und mich – wie die Jünger damals – durch seine Worte bei sich festhält.

Der arme Heilige Geist

Eine Harfe mit nur einer einzigen Saite – das wäre ein seltsames Instrument und kaum zu gebrauchen. Der Heilige Geist spielt aber auf einem solchen Instrument, hat Luther gemeint. Er spielt immer nur den einen Ton. Er weiß nämlich nur Christus zu predigen, so Luther, sonst weiß er nichts. – Was will Luther damit sagen? Weiß Gottes Geist wirklich nichts anderes? Ist er nicht auch in der Schöpfung gegenwärtig? Kann er nicht auch Menschen erfassen, die von Christus nichts wissen, und ihnen die Kraft zum Guten schenken? Ist er wirklich so »arm?«

Ja, das ist er, aber unseretwegen, weil Menschen so »arm«, so unfähig sind, Gottes Wirken in der Schöpfung und an ihnen wirklich zu erkennen. Manchmal kann man ja etwas von der Wirklichkeit ahnen, die man nicht sehen und greifen kann. In den Religionen wird sie »Gott« genannt. Aber wer Gott wirklich ist, ob er sich um uns kümmert, ob und wie man auf ihn vertrauen kann, das kann man nicht wissen. Und in den Krisen des Lebens, wenn Leiden das Leben belasten, wenn Unrecht, das man selbst tut oder das einen trifft, unerträglich wird, dann ist Gott fern und fremd. Dann bleibt oft nur die verzweifelte Frage, wo Gott denn eigentlich sei und warum er all das Übel zulasse. Man ist dann arm dran – und braucht den »armen Heiligen Geist«, der in strenger Konzentration dorthin bringt, wo sich Gott zu erkennen gibt – zu Jesus Christus und seiner Geschichte. In ihr, in seinen Worten und vor allem in seinem Leiden, zeigt Gott, wer er ist, dass er die Menschen liebt und sie nicht lassen will, schon gar nicht, wenn sie mit dem Leid und dem Unrecht in ihrem Leben und in der Welt nicht zu Rande kommen. Der Geist, den Jesus Beistand, Tröster und Geist der Wahrheit nennt, schreibt es Menschen ins Herz!

Der arme Heilige Geist? Ja, das ist er, auch unserer Kirche wegen. Für Viele ist sie nicht mehr der Ort der Begegnung mit Gott und der Ort, an dem Gemeinschaft erfahren wird. Sie hat Mühe, wir Christen haben Mühe, den Weg zu Menschen zu finden. Was die Kirche sagt, wird nicht verstanden; und wie wir in der Kirche leben, wirkt manchmal wenig einladend. Die Kirche ist dann arm dran und versucht, über bessere Strukturen, Leitbilder und effektivere Planung Menschen zu erreichen. Das ist auch nötig. Aber – es ist der Geist, der die Herzen von Menschen öffnet. Der Geist, der auf Jesus Christus, den einzigen Trost im Leben und Sterben, hinweist, der uns selbst immer wieder erfassen muss – und der weht, wo er will. Er muss, er kann aber erbeten werden!

Warum wurde Gott Mensch?

Warum wurde Gott Mensch? Musste das sein? Warum musste der irdische Weg des Gottessohnes so grausam am Kreuz enden? Diese Fragen versuchte ein Kirchenlehrer des frühen Mittelalters zu beantworten: Anselm von Canterbury. Im italienischen Aosta wurde er geboren. Er trat in den Benediktinerorden ein und wurde Jahre später Abt des Klosters Bec in der Normandie. Dann hat man ihn zum Erzbischof von Canterbury berufen. Sein großes Thema war das Verhältnis von Glaube und Vernunft. Glaube muss für ihn zum Verstehen führen. Und dabei kann die Vernunft das Geglaubte dann auch plausibel machen.

Genau dies versuchte er auch in seinem Werk Cur deus homo – Warum wurde Gott Mensch? Mit zwingenden Vernunftgründen wollte er nachweisen, dass dies sein musste. Und das waren seine Argumente: Der Mensch ist von Gott abgefallen, schuldig und Gottes Feind geworden. Daran haben alle Menschen Anteil; alle sind Sünder. Weil Gott gerecht ist, kann er das nicht hinnehmen. Bleibt also nur die Strafe – und das heißt die Vernichtung des Menschengeschlechts? Denn Menschen können ja nichts tun, was die Sünde ausgleichen könnte. Gott ist aber nicht nur gerecht, er ist auch barmherzig. Darum kann er die Vernichtung der Menschen nicht wollen. Andererseits kann er sich mit den Menschen nicht versöhnen, wenn deren Schuld nicht angemessen ausgeglichen wird. Dies konnte aber nur Gott selbst leisten. Darum musste er in Jesus von Nazareth Mensch werden und hat am Kreuz durch sein Opfer für die Sündenschuld der Menschen die notwendige Genugtuung geleistet und die Rettung schuldiger Menschen möglich gemacht.

Ist das plausibel? In einem entscheidenden Punkt wird man Anselm nicht folgen können. Auch im Neuen Testament wird zwar menschliche Schuld nicht nur als einzelne Tat verstanden, durch die man Gott oder einem Mitmenschen etwas schuldig bleibt. Sünde ist vielmehr die totale Entfremdung von Gott, die man nicht selbst überwinden kann, auch wenn man sich noch so sehr anstrengt. Darum ist in einem Menschen Gott selbst zu uns gekommen. Im Menschen Jesus hat er unser Leben gelebt und ist unseren Tod gestorben. So ist er uns nahe gekommen. Der grausame Tod am Kreuz ist aber nicht das blutige Opfer, das Gott als Genugtuung, braucht. Das Opfer am Kreuz war Hingabe, Liebe, auf die wir angewiesen sind. Denn an ihr sollen wir erkennen, dass es nichts gibt, keinen Abgrund, in dem uns Gott nicht erreichen könnte. An Jesu Leben und an seinem Sterben kann uns aufgehen, dass uns von Gottes Liebe nichts trennen soll.

Der unbegreifliche Gott

Wie schwer sind für mich, Gott, deine Gedanken! So seufzt ein Beter in einem Psalm. Wer könnte da nicht mitseufzen! In so vielen Lebenssituationen weiß man nicht, warum geschehen musste, was einen schwer belastet. Man vermisst Gottes Führung und Bewahrung und leidet darunter, dass Gott so verborgen ist. Das Gebet kann verstummen, weil man den Eindruck hat, wie gegen eine Wand zu rufen und zu schreien. Es bleibt vielleicht nur noch der verzweifelte Seufzer: Wie schwer sind für mich, Gott, deine Gedanken, wie unbegreiflich Deine Wege mit mir!

Wer den Psalm im Ganzen liest, entdeckt Erstaunliches: Der Beter seufzt gar nicht über die Verborgenheit Gottes, sondern über seine Allgegenwart. Er denkt sich die entferntesten Orte aus: den Himmel, das äußerste Meer – Gott ist da, auch noch im Tod. Man kann sich vor Gott nicht verbergen. Man muss an seiner Nähe aber auch nicht zweifeln. So kann der Beter staunend sagen: Von allen Seiten umgibst du mich und hältst deine Hand über mir. All das kann er nicht begreifen – und seufzt darüber. Kennt der Beter denn nicht die Verborgenheit Gottes? Weiß er nichts von Lasten und Leiden, die blind machen für Gottes Gegenwart und an seiner Führung zweifeln lassen? Am Ende des Psalms ist von Menschen die Rede, die der Beter wie Blutsauger erlebt, die ihm offenbar ans Leben wollen. Sie sind da – trotz der Allgegenwart Gottes. Wie sollte er da nicht fragen, warum Gott das zulässt, warum er der Bedrohung nicht ein Ende macht. Er klagt darüber – aber vor Gott, dessen Handeln er nicht versteht, der sich verbirgt und doch immer da ist. Und noch etwas macht ihm zu schaffen: Er weiß von dem Bösen, das von Gott trennt, von falschen Wegen, die vom Vertrauen auf Gott wegführen. Er weiß nicht oder nicht immer, ob er sich nicht längst, ohne es zu merken, auf einem falschen Weg befindet. Aber er bittet Gott, ihn zu prüfen und ihn auf einen guten Weg zu leiten.

Der Beter kennt Gottes Verborgenheit. Er kennt die Fragen, die keine Antwort erhalten. Er weiß auch vom Bösen in ihm selbst. Und doch bekennt er: Du umgibst mich, hältst deine Hand über mir, hältst mich fest und führst mich. Er kann es, weil er sich als Geschöpf Gottes weiß, das Gott nicht lassen kann und will. Er kann es, weil Gott in seiner Geschichte mit den Menschen seine Verborgenheit verlassen hat und weil es Gottes große Zusagen gibt. An sie hält sich der Beter, auch gegen viele Erfahrungen – und kann darum Gottes Gegenwart und seine Führung glauben!

Gottes Geschäft

Verzeihen, das sei Gottes Handwerk, hat der Spötter Voltaire gemeint, und auf den harmlosen und nur »lieben« Gott gezielt, von dem die Bibel allerdings nichts weiß. Heine soll nach einer vielleicht gut erfundenen Anekdote sterbend und auf seiner »Matratzengruft«, nach seinem Verhältnis zu Gott gefragt, dieses Wort aufgegriffen und gesagt haben: Er wird mir verzeihen; Verzeihen ist sein Geschäft. Und er hat das dann nicht nur spöttisch gemeint! Bei Gott ist viel Vergebung, sagt auch die Bibel. Allerdings geht dieser Erkenntnis die andere voraus: dass der Gottlose umkehren soll und so Erbarmen erfährt. Bei Gott ist viel Vergebung, aber die gibt es offenbar nicht bedingungslos.

Oder doch? Wie soll man mit all dem, was man schuldig geblieben ist und immer wieder schuldig bleibt, an Vergebung glauben können, wenn zuvor Bedingungen erfüllt werden müssen? Bleibt da nicht die quälende Frage, ob man denn wirklich alle Bedingungen erfüllt hat? Wird so die Gewissheit, Verzeihung erfahren zu haben und wirklich angenommen zu sein, nicht unmöglich? Ist nicht die einzige »Bedingung«, dass Gott vergibt, dass man sie braucht und sie haben will und sich Gott zuwendet wie ein Bettler, der seine leere Hand ausstreckt? Jesus hat jedenfalls keine Bedingungen gestellt, wenn er einem Menschen gesagt hat: Dir sind deine Sünden vergeben. Er hat schuldige Menschen bedingungslos geliebt und angenommen – und gezeigt: Gott vergibt bedingungslos.

Gottes Vergebung ist bedingungslos, aber nicht folgenlos. Man kann zu ihm kommen, wie man ist; man soll aber nicht bleiben, wie man ist. Vergebung bedeutet ja: Eine zerbrochene Beziehung wird wieder hergestellt, Vertrauen neu begründet. In einer Beziehung bleibt man nicht, wie man ist, in einer Liebesbeziehung schon gar nicht. Der Mensch, den man liebt und von dem man geliebt wird, gehört jetzt zum eigenen Leben, ist immer wieder »Bezugspunkt«. Das Leben richtet sich auf ihn aus. Es ist so ähnlich in der Beziehung zu Gott, die durch seine Vergebung erneuert wird: Gott wird Bezugspunkt im Leben, im Handeln; er bestimmt das Leben. Das macht aus uns keine vollkommenen Menschen. Was Gottes Vergebung bei uns bewirkt, bleibt, wie das ganze Leben, Fragment. Aber neue Anfänge werden möglich, ein Wachsen im Glauben – durch Gottes Vergebung, die er bedingungslos gewährt.

Es ist gar nicht so falsch: Verzeihen ist Gottes Geschäft! Allerdings ein schweres. Es hat Jesus das Leben gekostet, als er Gottes bedingungslose Liebe lebte und zu uns brachte. Wie sollte eine solche Liebe nicht Vieles bei uns möglich machen – z.B. dass wir verzeihen!

Vom unfreien Willen

Das wollte ich doch nicht! Ein Wort hatte das andere gegeben. Der Streit eskalierte. Unbedachte Worte verletzten und zerstörten die Beziehung zu einem nahen Menschen. Eigentlich war das nicht gewollt. Aber es passierte doch.

Das wollte ich doch nicht! Der Beruf hat wenig Zeit gelassen für die Familie. Die erwachsenen Kinder sprechen dann aus, was man versäumt hat: Du warst ja meist nicht da, wenn wir dich gebraucht hätten. Das war nicht gewollt. Es ist aber eben doch geschehen.

Das wollte ich doch nicht. Da war einer schwer krank und hat auf Besuch gewartet. Aber immer wieder kam etwas dazwischen, und ich habe den Besuch verschoben. Dann war es zu spät. Das war nicht gewollt. Und es ist doch so gekommen.

Immer wieder tue ich, was ich eigentlich nicht gewollt habe und nicht will. Oder ich unterlasse, was ich eigentlich tun wollte, versäume, was richtig und wichtig gewesen wäre und kann es manchmal auch nicht nachholen. Wie frei sind wir also in unserem Wollen? Natürlich haben wir in vielen Situationen die Möglichkeit, das Eine oder das Andere zu tun. Immer wieder gelingt auch das Gute und Richtige. Und doch weiß und erfahre ich, dass ich nicht tue, was ich eigentlich will, dass ich darum auch nicht bin, der ich sein möchte. So ist es offenkundig, dass unsere Willensfreiheit begrenzt ist.

In seinem Brief an die Gemeinde in Rom hat Paulus auf den Punkt gebracht, wie es um unser Wollen bestellt ist: Wollen habe ich wohl, aber das Gute vollbringen kann ich nicht. Denn das Gute, das ich will, das tue ich nicht; sondern das Böse, das ich nicht will, das tue ich. Ich bin nicht, der ich sein möchte, weil ich immer wieder nicht tue, was ich als gut erkannt habe. Das Gute will getan werden. Es gibt nichts Gutes, außer man tut es, meint Erich Kästner. Und er hat Recht. Paulus sieht aber noch schärfer, wie unfrei unser Wollen ist. Auch wenn mir Gutes gelingt, bin ich immer noch nicht der, der ich sein will. Nicht nur, weil es eben auch das Versagen bei mir gibt. Paulus denkt an etwas, das einem aufgeht, wenn man glaubt. Im Glauben erfahre ich Gottes Liebe. Ich vertraue darauf, dass Gott mich mit meinen Grenzen und Schwächen nicht aufgibt. Ich sehe, wie wenig ich dieser Liebe entsprechen kann und wie viel Liebe ich schuldig bleibe. Aber ich kann gewiss sein, dass Gott mich nicht fallen lässt und aus mir macht, was ich sein will: Einen Menschen, der geliebt ist und dem in der Kraft der Liebe dann immer wieder gelingen kann, was gut ist. Dieses Vertrauen ist aber nicht Ergebnis meiner Willensentscheidung. Es wird mir geschenkt.

Zur Freiheit befreit

Am liebsten würde ich alles hinschmeißen und abhauen; was ich Tag für Tag erlebe, macht mich fertig! Männer sagen es manchmal so oder denken es. Sie möchten frei sein, aufbrechen in ein neues Leben wie in ein unbekanntes Land und hinter sich lassen, was im Alltag so müde macht. Sie empfinden es so, wenn sie sich im Beruf nicht entfalten können, wenn sie sich zurückgesetzt fühlen und ihnen Erfolg versagt bleibt. Wenn sie die Anforderungen im Beruf, vor allem den eigenen Willen zum Erfolg und die Anforderungen an sich selbst mit den Erwartungen in Ehe und Familie nicht zusammenbringen. Frauen erleben es ähnlich, wenn sie eine Berufstätigkeit ausüben, ihr Mann aber nicht bereit oder in der Lage ist, die Aufgaben in der Familie mit zu tragen. Aber oft hat man den Eindruck, dass Frauen mit dem Problem besser fertig werden. Die Sehnsucht nach Freiheit von den Lasten des Alltags kennen aber auch sie.

Sehnsucht nach Freiheit – wie kann sie gestillt werden? In seinem Brief an die Gemeinden in Galatien hat Paulus seine Botschaft in dem Satz zusammengefasst: Zur Freiheit hat uns Christus befreit. Freiheit ist für ihn also nichts Selbstverständliches. Menschen müssen zu ihr befreit werden. Denn Paulus sieht das schwere Joch, das auf Menschen liegt und das sie nicht einfach abschütteln können. Menschen sind eingespannt in Anforderungen, die sie nicht abweisen können. Es sind Anforderungen, die andere haben, oft noch mehr Forderungen, die man an sich selbst stellt. Und es ist vor allem der Anspruch Gottes auf das ganze Leben, hinter dem man immer wieder zurückbleibt. Das Joch dieser Anforderungen hat Jesus, so versichert Paulus, den Menschen abgenommen. Er hat erfüllt, was Gott vom Menschen erwartet. Wer mit ihm im Vertrauen verbunden ist, hat Anteil an dem, was er getan hat. Das heißt: Gott sieht uns nun an wie ihn. Wir sind Gott darum recht und können befreit anfangen, Gott in unserem Leben Raum zu geben. Wir müssen den Wert unseres Lebens dann auch nicht mehr vor uns selbst von unserem Erfolg oder von unserer Geltung bei Anderen abhängig machen. Wir sind wert gehalten.

Darum kann man es akzeptieren, wenn man nicht alles schafft – zum Beispiel in Beruf und Familie. Man wird frei, über Belastungen offen miteinander zu sprechen. Und wenn einer alles hinschmeißen möchte, hat man gute Gründe, ihm zuzureden. Man lernt, sich gegen Unrecht zu wehren. Manche Belastungen kann man auch teilen, vor allem in der Familie. Und man wird immer wieder Zeiten und Ruhephasen suchen, in denen man zu sich selbst kommt, Inseln der Freiheit, auf denen man Kraft gewinnt für den Alltag mit seinen Anforderungen.

Liebe macht frei

Manchmal wache ich morgens mit einem Glücksgefühl auf. Ich habe fest geschlafen und freue mich auf den Tag, der vor mir liegt. Ich fühle mich gut, bin dankbar dafür, dass ich lebe, aufstehen kann und dass sich gesundheitliche Beschränkungen, die zu meinem Alter gehören, in Grenzen halten. Ich bin froh, dass mir Zeit geschenkt wird, Zeit zu leben.

Es gibt auch die anderen Tage. Schon am Morgen ist alles Grau in Grau. Ich hatte etwas in die Nacht mitgenommen, was mich am Vortag belastet hat, lange nicht einschlafen können und Probleme gewälzt. Ich weiß, dass an dem Tag, der vor mir liegt, nicht gelöst ist, was mir den Schlaf geraubt hat. An einem solchen Morgen fühle ich mich wie gefangen, gefangen von einem Problem oder von Lebensumständen, die ich kaum beeinflussen oder nicht lösen kann. Ich fühle mich unfrei und bäume mich dagegen auf. – Sie werden dieses Gefühl auch kennen.

Vielleicht hilft Ihnen und mir, was einer, der in einem wirklichen Gefängnis saß und nicht wusste, ob er noch einmal herauskommen würde, von sich berichtet. Er habe gelernt, mit allem, was ihm widerfährt, zufrieden zu sein. Er könne sich ganz unten fühlen und dann wieder oben auf sein, sehr glücklich und dann wieder voll Hunger nach Leben. Er könne im Überfluss leben und ihn genießen, könne aber auch den Mangel akzeptieren. Kann man so unabhängig sein von Lebensumständen? So frei? Oder nimmt da einer den Mund zu voll?

Der Gefangene, der von seiner großen Freiheit spricht, ist Paulus, der große Theologe der frühen Christen. Er hat in seinem Leben und Wirken Erfolge gehabt, hat aber auch viel gelitten und ist immer wieder an schmerzhafte Grenzen gestoßen. Was hat ihn so frei gemacht? Eine Beziehung. Die Beziehung zu Christus. Er glaubt, dass Christus an seinem Glück und seinem Leid teilnimmt. –Ich weiß: Mir wird leichter, wenn ein naher Menschen teilnimmt, wenn es mir nicht gut geht. Und mein Glück wird größer, wenn ich es teile. Die Beziehung zu einem Menschen, der einen liebt, verändert Leid und Glück; sie macht unabhängiger von guten und schweren Erfahrungen. Paulus glaubt, dass er von Christus unter allen Umständen geliebt wird. Seiner Liebe vertraut er im Glück und im Leid. Dieses Vertrauen ist stärker als alle Lebensumstände. Ich bin gewiss: Mit einem solchen Vertrauen werde auch ich unabhängiger von dem, was mir widerfährt. Wie ich aufwache, bestimmt nicht mehr den Tag, der vor mir liegt. Das Vertrauen lässt mich den Tag zuversichtlich beginnen. Es macht frei.

Wie Kinder werden

Es ist immer wieder ein besonderes Erlebnis, mit unserer kleinen Enkelin unterwegs zu sein. Die ersten Gehversuche hat sie hinter sich, und sie kräht vor Vergnügen, wenn sie mit kleinen, schnellen Schritten eine Strecke allein bewältigt. Sprechen kann sie noch nicht; aber sie weiß, auf sich aufmerksam zu machen und zu zeigen, was sie gerne hätte: zum Beispiel das Stückchen Wurst in der Metzgerei, wo sie, kaum ist sie in den Laden gekommen, freundlich begrüßt wird. Immer wieder staune ich, wie Menschen, ältere und jüngere, auf sie reagieren. Sie sprechen sie an. Sie freuen sich, wenn sie angelacht werden. Sie verwickeln die Eltern oder die Großeltern manchmal in ein Gespräch. Fast immer huscht ein freundliches Lächeln über das Gesicht auch der Menschen, die einfach vorbei gehen.

Woran liegt es, dass kleine Kinder so viel Freundlichkeit und Anteilnahme wecken? Liegt es daran, dass sie noch so klein und schutzbedürftig sind? Dass sie lachen und weinen, ohne ihre Wirkung auf Andere zu kalkulieren? Dass sie, was sie wollen, so direkt und unverblümt äußern? Dass sie, auch wenn sie in einer bestimmten Phase auf fremde Menschen mit Abwehr reagieren, Misstrauen noch nicht kennen? Es ist vermutlich all dies, was die Aufmerksamkeit und Freundlichkeit auf sie zieht.

Natürlich gibt es auch die ganz anderen Reaktionen auf Kinder: Ungeduld, wenn sie laut sind und stören; Missachtung, wenn nur das wahrgenommen wird, was noch unfertig an ihnen ist; gar Missbrauch, wenn sie verantwortungslos benutzt werden. – Von einer typischen Reaktion der Jünger Jesu erzählt die Bibel: Mütter wollen ihre Kinder zu Jesus bringen. Harsch hindern sie die Jünger daran. Sie finden: Bei dem, was Jesus den Menschen zu sagen hat, haben Kinder nichts verloren. Da geht es um ernste Dinge. Kinder sind dafür nicht wichtig genug. Jesus aber greift, zornig auf seine Jünger, ein, holt die Kinder zu sich und segnet sie.

Und er schreibt den Jüngern und uns ins Stammbuch: Werdet wie Kinder, damit ihr empfangen könnt, was Gott schenkt. Ihr könnt klein werden und eure Bedürftigkeit eingestehen. Ihr müsst nichts aus euch machen. Ihr könnt vor Gott sein, wie ihr seid. Er sieht ohnehin eure Grenzen und Mängel. Und er liebt euch. Darauf sollt ihr vertrauen – mit einem Vertrauen, wie es Kinder haben. In der Kraft dieses Vertrauens werdet ihr dann auch Menschen anders begegnen und Manches besser machen können, was ihr als Mangel erkannt habt. Werdet also wie Kinder, lernt von ihnen – und achtet ihre Würde!

Vom Vergessen

Das habe ich vergessen! Es kann ein wichtiger Termin sein, den man vergessen hat. Und man ärgert sich. Der Satz soll manchmal auch eine Entschuldigung sein. Kinder und Jugendliche entziehen sich so gerne ungeliebten Erwartungen an sie. Aber auch Erwachsene ertappen sich manchmal selbst dabei, dass sie mit ihrem Vergessen verdrängt haben, was ihnen lästig war. Es gibt ganz unterschiedliche Arten zu vergessen – und unterschiedliche Gründe. Aber müssen wir nicht auch Manches vergessen?

Man muss auch vergessen! Was täglich an Informationen auf einen einströmt, kann nur verkraftet werden, wenn Vieles wieder aus dem Gedächtnis verschwindet. Denn die Fähigkeit, Eindrücke aufzunehmen und zu verarbeiten, ist begrenzt. Und die Gefahr besteht, dass man im Übermaß schnell aufeinander folgender Eindrücke das im Leben wirklich Wichtige nicht mehr wahrnimmt. Man muss das Vergessen geradezu einüben, um im Gedächtnis Raum zu schaffen für neue Eindrücke – und für Erfahrungen, die helfen und dem Leben Profil geben.

Was ist aber wichtig und hilft uns? Und wie und warum bleibt es haften? Ganz offensichtlich ist, dass wir schneller vergessen, was uns nicht berührt hat und uns letztlich gleichgültig war. Im Gedächtnis bleiben Erfahrungen, die besonders erfreut oder geschmerzt, Erlebnisse, die erregt und bewegt haben, Begegnungen, bei denen man in einer kritischen Lebenssituation Hilfe erfahren hat oder sehr verletzt worden ist. Nicht alles, was aus solchen Gründen im Gedächtnis haften bleibt, hilft und ist wirklich wichtig. Besonders belastend ist, wenn man erfahrenes Unrecht weder vergessen noch vergeben kann. Was man in einer schweren Krankheit erfahren und gelernt hat, kann dagegen in gesunden Tagen dankbar machen. Was einem ein Mensch in schweren Zeiten Gutes getan hat, kann unvergessen bleiben und Verbundenheit über lange Zeit schaffen.

Für Christen ist wichtig, dass sie sich in guten und in schweren Zeiten an Erfahrungen mit Gott erinnern. In guten Zeiten macht es dankbar, in schweren gibt es Halt. Aber manchmal werden die eigenen Erfahrungen mit Gott von Sorgen und Leiden erstickt. Darum ist es wichtig, sich der überlieferten Erfahrungen, wie sie die Bibel erzählt, zu erinnern. In großer Not und auch noch im Gefühl, selbst von Gott verlassen zu sein, haben sich die Beter der Psalmen an Gottes Erbarmen, wie es die Generationen vor ihnen erfahren haben, festgeklammert. Christen halten sich an Gottes Liebe, wie sie in Jesu Geschichte offenkundig wurde, fest. Von ihr immer neu zu hören, an sie erinnert zu werden und sie nicht zu vergessen, gibt Halt auch noch in den Abgründen des Lebens.

Wissen braucht Weisheit

Es ist faszinierend, wie sich, was Menschen wissen, ständig ausweitet! Immer mehr müssen wir auch wissen, um in der sich ständig verändernden Welt bestehen zu können. Lebenslang müssen wir lernen. Nur als Wissensgesellschaft können wir im ökonomischen Wettbewerb erhalten und behalten, was wir zum Leben brauchen.

Schon in der Bibel gibt es das Staunen darüber, was Menschen wissen und können. Ein Gedicht im Buch Hiob zum Beispiel schildert die erstaunlichen technischen Fähigkeiten des Menschen: In seinen Bergwerken gräbt er Stollen, erhellt die Tiefe mit Lampen, hängt an Seilen, schlägt aus dem Gestein Kostbarkeiten und fördert sie zutage. Voll Bewunderung schildert das Gedicht das Wissen des Menschen, seine Fähigkeit zu erfinden und zu finden. Aber dann plötzlich wird die Frage gestellt: Wo findet man – Weisheit? Wo hat sie ihren Ort? Sie sei kostbarer als alles, was der Mensch durch sein Wissen und Können finden kann. Man kann nicht nach ihr graben. Man kann sie auch nicht kaufen. Auch größtes Wissen kann sie nicht einfangen. Sie ist verborgen. Das hängt mit den dunklen Rändern der Realität zusammen, mit den unlösbaren Fragen, warum etwas ist, warum etwas so und nicht anders geschieht, worin sein Sinn liegt. Auch mit der Frage, wer ich bin und was ich tun soll. Vor solchen Fragen stößt menschliches Wissen an seine Grenzen.

Aber wo sind Antworten auf solche Fragen, wo ist Weisheit zu finden? Wer weiß vom Geheimnis der Wirklichkeit? Wer kann sagen, was dem Leben Sinn gibt, was Menschen vertrauen lässt und ihnen hilft, das Rechte zu tun? Bei Hiob heißt es: Gott weiß den Weg zur Weisheit. Nach Weisheit suchen, heißt also nach Gott fragen. Diese Frage hat Paulus in einem seiner Briefe so beantwortet: Jesus Christus wurde für uns zur Weisheit gemacht. Der also, der uns Menschen Gottes Liebe und mit ihr Weisheit bringt. Liebe ist dann der innerste Kern der Weisheit. Wer diese Liebe glauben kann und erfährt, weiß, dass sein Leben wert gehalten ist und darum Sinn hat, auch wenn es in ihm Schweres gibt, das man nicht verstehen kann. Wer Liebe glauben kann und erfährt, kennt die Ehrfurcht vor dem Leben und weiß von der Verantwortung für es. Denn auch fremdes Leben ist geliebt. Diese Liebe setzt Maßstäbe, auch für Forschung und Wissenschaft, und zieht Grenzen, zum Beispiel in der Gentechnik. Sie führt zur Erkenntnis, dass Wissensvermittlung mit den Fragen verbunden sein muss, von deren Beantwortung ein gelingendes Leben abhängt. Sie kann auch nicht zulassen, dass Menschen von nötigem Wissen und von Lebenschancen

Die Goldene Regel

Einer, der es besonders eilig hatte, kam zu einem berühmten jüdischen Gesetzeslehrer und verlangte, dass dieser ihm die ganze Tora erklären solle, solange er auf einem Bein stehen könne. Den Rabbi brachte er damit aber nicht in Verlegenheit. Er sagte ihm nur einen Satz. Bei uns ist er in der Form eines Sprichwortes bekannt: Was du nicht willst, das man dir tu, das füg′ auch keinem andern zu. – Das ganze Gesetz, alles woran sich Menschen halten sollen, in einem Satz! Es leuchtet ein: Ich will nicht, dass man mir etwas antut, was mir schadet. Wenn ich genau so vermeide, was dem andern Menschen schaden könnte, werde ich richtig handeln! Man hat dies die »Goldene Regel« genannt, an der sich menschliches Verhalten orientieren kann.

Aber genügt diese Regel als Maßstab für menschliches Handeln? Ist in ihr wirklich eingefangen, was gut und richtig ist? In seinem »kategorischen Imperativ«, in der Forderung, die für menschliches Verhalten unbedingt gilt, hat es Immanuel Kant positiv und etwas komplizierter formuliert: Handle nur nach derjenigen Maxime, durch die du zugleich wollen kannst, dass sie allgemeines Gesetz werde«. – Was gut ist, muss für alle gut sein. Auch das leuchtet ein: Wenn ich mein Handeln an dem orientiere, was für alle richtig ist und allen gut tut und so für alle verbindlich werden kann, werde ich für mich nicht in Anspruch nehmen, was auf Kosten anderer geht und nur in meinem Interesse ist. Mein Tun wird vernünftig, weil es dem Zusammenleben dient.

Aber was so einleuchtend ist, hat vielleicht doch einen Mangel: Weiß man denn immer, was für alle gut ist? Wurden nicht immer wieder in der Geschichte der Menschheit Regeln verbindlich gemacht, die angeblich gut für alle sein sollten, aber nur den gar nicht so guten Interessen der Mächtigen dienten? – Die Goldene Regel taucht auch in den Worten Jesu auf – am Ende der »Bergpredigt« mit ihren radikalen Forderungen, die alle auf unbedingte Liebe hinauslaufen. Diese Forderungen fasst Jesus mit dem Satz zusammen: Alles, was ihr wollt, dass euch die Leute tun sollen, das tut ihnen auch! Das sei, so Jesus, der ganze Wille Gottes. Das kann nur im Sinne des anderen Wortes verstanden werden: Liebe deinen Nächsten wie dich selbst. Jesus habe die Goldene Regel »mit der Liebe gezuckert«, hat Zwingli gemeint. Er hat ihr – ganz in der jüdischen Tradition – so den entscheidenden Inhalt gegeben. Die Liebe will, was man für sich will und braucht, und enthält es anderen nicht vor. Sie ist für alle gut und hilft zugleich, einzelnen Menschen in ihrer besonderen Situation gerecht zu werden. Wo sie die bestimmende Kraft im Handeln des Menschen ist, kann das Leben und das Zusammenleben gelingen!

Der Traum vom Frieden

Wann endlich müssen wir sie nicht mehr hören – die täglichen Nachrichten von Krieg und Terror, von schrecklichem Leid, das man sich nicht vorstellen kann und es oft auch gar nicht will. Muss es denn immer so bleiben? Kann Friede nicht doch gelingen, der Friede im Großen, aber auch der im eigenen Alltag?

Die Hoffnung auf Frieden, auf ein Leben in der Gemeinschaft versöhnter Menschen ist uralt. In einer großartigen Vision schildert der Prophet Jesaja einen Zug der Völker zum Berg Zion, zu Gott, von dem sie Weisung empfangen. Sie hören, was recht ist. Und sie schmieden darauf ihre Waffen um: Schwerter werden zu Pflugscharen, Spieße zu Sicheln. Konflikte, die es geben wird, solange die Erde besteht, werden friedlich gelöst. Eine Skulptur vor dem UNO-Gebäude in New York erinnert an diese Vision.

Es ist ein wunderschöner Traum vom Frieden, weit weg von der Realität. Aber das Bild, das in ihm gemalt wird, ist ein großes Versprechen für die Zukunft. Durch die Hoffnung auf seine Erfüllung ist es wie ein Licht, das in die dunkle Realität jetzt schon hineinleuchtet. Am Ende seiner Vision ruft der Prophet darum Israel auf: Lasst uns wandeln im Licht des Herrn. Also: Lasst uns leben und handeln in diesem Licht. Lasst uns schon anfangen mit dem Frieden, den Gott verspricht und den nur er selbst vollenden kann! Lasst uns hören und tun, was recht ist! Es kann schon heller werden durch uns!

Jesus hat wohl an diese Friedensvision des Jesaja gedacht, als er in der »Bergpredigt« das Bild von der Stadt auf dem Berg malte. Seinen Zuhörern sagt er: Ihr seid das Licht der Welt und wie eine Stadt auf einem Berg; man sieht sie schon von weitem, ihre Lichter leuchten auch in der Nacht. Ihr seid es? Von sich selbst und im Blick auf all das Dunkle im eigenen Leben kann man es so eigentlich nicht sagen. Und doch gilt: Alle, die auf Jesus hören, sind es; sie sind es sind durch ihn. Er ist die Quelle des Lichts, durch das es bei Menschen hell wird. Denn er ist die Quelle, aus der die Kraft zur Hoffnung kommt. Die Hoffnung verhindert, dass man sich an die Friedlosigkeit gewöhnt oder sich resigniert vom Leid anderer abwendet. Sie lehrt: Auch durch kleine Zeichen der Versöhnung wird es schon heller in der Welt; der Friede in der Familie, der Friede mit dem schwierigen Kollegen, der Friede auch in den Gemeinden und mit Menschen anderer Frömmigkeitsstile entzündet kleine Leuchtfeuer, die Orientierung geben. Auch wenn Menschen den vollkommenen Frieden nicht schaffen, Hoffnung hilft auch, das Ringen um Frieden und mehr Gerechtigkeit im Großen mit aller Kraft zu unterstützen.

Erziehung zum Frieden

Vielleicht erinnern Sie sich noch: Ein neuer Rektor hatte die berüchtigte Berliner Rütli-Schule übernommen. Zusammen mit Lehrerinnen und Lehrern, die vorher nur mit Angst ihrer Arbeit nachgehen konnten, hat er die Schülerinnen und Schüler durch ein gemeinsames Projekt, ein Musical, herausgefordert. Sie fühlten sich ernst genommen und hatten Erfolgserlebnisse. Die katastrophalen, von Gewalt bestimmten Verhältnisse haben sich schnell verändert. Die Polizei konnte abziehen, Friede kehrte ein.

Man kann zum Frieden erziehen, Gewalt und Gewaltbereitschaft überwinden. Unsere Schulen können dazu einen wichtigen Beitrag leisten. Fachliches Können, Kraft, Geduld, viel Fantasie müssen eingesetzt werden. Wenn es geschieht, kann viel gelingen. Allerdings – die Schulen müssen mit einem »heimlichen Lehrplan« rechnen, den nicht sie erstellen: Er wirkt in der Lebenswelt junger Menschen, in ihrer Familie, in der Nachbarschaft, in den vielerlei Einflüssen, denen diese ausgesetzt sind, auch durch die Medien. Wenn Jugendliche dort überwiegend Beispiele der Friedlosigkeit und Gewalt erleben, wenn sie Kälte im Miteinander erfahren und sich nicht angenommen und in ihren Stärken ernst genommen fühlen, hat es die Schule schwer. Auch Erwachsene, wir alle müssen also zum Frieden finden, wenn die Erziehung Jugendlicher zum Frieden gelingen soll. Wie kann das gelingen?

Anfang des 19. Jahrhunderts hat der Dichter Jean Paul eine »Erziehungslehre« veröffentlicht, in der er Grundfragen der Pädagogik behandelt und praktische Anleitungen gibt. Ein Kapitel ist überschrieben: Bildung zur Liebe. Es endet mit der Aufforderung an die Eltern: Und endlich, ihr Eltern, lehrt lieben,... so hat euer Kind ein reiches gewinnendes Leben. ... Lehrt lieben, sag´ ich, das heißt: liebt! Mit Liebe das Lieben lehren und damit zum Frieden erziehen – ist das die Lösung? Ja, aber sie ist nicht einfach! Sie braucht Hilfen, die die Entfaltung der Liebe fördern. Jean Paul macht es an der manchmal erschreckenden Gleichgültigkeit von Kindern gegenüber Grausamkeit deutlich: Sie empfinden dann Mitleid und werden hilfsbereit, wenn sie das Leiden Gequälter aus der Nähe erleben und mitempfinden können. Erwachsenen geht es auch nicht anders! Leidende müssen gewissermaßen ein »Gesicht« bekommen, damit liebende Zuwendung möglich wird. – Liebe braucht und schafft Nähe. Das ist auch eine Erfahrung des Glaubens: Weil Gott in Jesus Christus ein Gesicht bekommen hat, können Menschen seine Liebe glauben und erhalten die Kraft zu lieben. Weil Gott Menschen nahe kommt und sie dabei Liebe erfahren, können Menschen einander Nächste werden, Liebe schenken – und so zum Frieden helfen, ganz praktisch, auch durch engagierte Projekte in der Schule.

Wünsche für Junge

In der Straßenbahn schaue ich in einen Kinderwagen, den eine junge Mutter in meiner Nähe abgestellt hatte. Ich sehe das kleine Gesicht mit den großen Augen, beobachte die noch unkontrollierten Bewegungen der winzigen Arme und der feingliedrigen Händchen. Und plötzlich versuche ich mir vorzustellen, wie die Welt aussehen wird, wenn dieses Kind heranwächst, was auf es zukommen mag – und was ich ihm wünschen soll. Was sollen wir Kindern, Enkeln, jungen Menschen in unserer Gesellschaft für die Zukunft wünschen?

Auch sie werden nicht in einer vollkommenen Welt leben. Auch sie werden Widerstände, Konflikte, Leiden bestehen müssen. Und sie werden, wie jetzt die Älteren, mit Veränderungen, mit Ungewohntem, mit Befremdlichem umgehen müssen. So ist ihnen zu wünschen, dass sie sich auf den stetigen Wandel einstellen können, nicht am Vergangenen kleben, sondern neue Herausforderungen annehmen und in ihnen zu unterscheiden vermögen, was ihnen und Anderen hilft und was Leben und Zusammenleben belastet oder zerstört.

Dafür werden sie Maßstäbe brauchen. Sie bekommen sie in einer Gesellschaft, in der nicht nur von Werten und Würde geredet, sondern die Würde des Menschen geachtet wird und Werte überzeugend gelebt werden. Das bedeutet zum Beispiel, dass es schon in der Ausbildung und dann im Zusammenleben Freiräume gibt für Begabung und Leistung, zugleich aber auch Regeln, die verhindern, dass Schwache von Lebensmöglichkeiten abgeschnitten werden. Wege ins Berufsleben müssen offen bleiben, Arbeit soll ihren gerechten Lohn finden. Menschen an der Macht sollen sich nicht selbst bedienen, sondern Verantwortung für das Wohl Anderer tragen. Eine Gesellschaft ist den Jungen zu wünschen, in der man nicht friert, sondern die Wärme menschlicher Zuwendung erfahren kann – durch Menschen, deren Beispiel zur Nachahmung anregt.

Für ihre Entwicklung ist den Jungen zu wünschen, dass sie Grenzen und Widerstände erfahren. Der Mensch entdeckt sich, wenn er sich an Widerständen misst, sagt Saint-Exupéry zu Recht. In der Erfahrung von Widerständen kann man lernen, dass man Kraft braucht zum Leben, dabei aber auch Stärke gewinnt und dass man im unentrinnbaren Wechsel von Glück und Leid Freude am Leben behalten und bei der Hoffnung bleiben kann. Zu wünschen ist den Jungen, dass sie die Kraft zum Leben und zur Hoffnung in dem finden, was schon Menschen vor ihnen getragen und was ihnen in ihrem Leben und für ihr Handeln geholfen hat: im Vertrauen auf den, von dem die Bibel sagt, dass er gestern und heute derselbe ist und Menschen im Gelingen und Scheitern treu bleibt.

Abschied nehmen

Abschied nehmen gehört zum Leben. Es gibt den Abschied von Dingen, an denen man hängt. Schwerer wiegt der Abschied von Menschen, die man mag. Am schwersten ist der endgültige Abschied von einem Menschen, der zu einem gehörte und den der Tod erzwingt. Manchmal geht diesem Abschied eine lange Zeit voraus, in der eine lebensbedrohende Erkrankung den Gedanken an das Sterben nahe legte. Manchmal kommt der Tod erschreckend plötzlich, und man kann, was geschehen ist, einfach nicht fassen. Immer bleibt der Tod und der mit ihm verbundene Abschied etwas Fremdes, auf das man sich schwer einstellen kann und das, wenn es eintritt, immer anders ist, als man es sich vorgestellt hatte. Man konnte ja den endgültigen Abschied nicht vorwegnehmen; man konnte nicht im Voraus erleben, wie es ist, wenn der Mensch, der so selbstverständlich zum eigenen Leben gehörte, nun einfach nicht mehr da ist.

Trauernde sprechen dann manchmal mit dem Menschen, den sie verloren haben, wie wenn er noch da wäre. Sie haben das Gefühl, er sei ihnen immer noch ganz nahe und nähme Anteil an dem, was sie bewegt. Sie werden ja durch, durch zahllose Alltagssituationen an ihn erinnert. Das Gefühl der Nähe entsteht dadurch; aber auch der Schmerz und die Trauer über den Verlust werden wach gehalten. So wird der Weg in die Zukunft ohne den vertrauten Menschen mühsam und schwer.

Was hilft auf diesem Weg? Was kann man mitnehmen? Manchmal ist es der Gedanke an das Sterben selbst, wenn man dieses als friedliches Einschlafen wahrgenommen hatte, wenn ein bewusster Abschied möglich gewesen ist, wenn es von den Trostworten der Bibel und vertrauten Versen des Gesangbuches begleitet war. Mitnehmen kann man die Dankbarkeit für das, was einem der verstorbene Mensch war. Sie hebt zwar die Trauer nicht auf, aber sie kommt zur Trauer hinzu und kann helfen, diese besser auszuhalten. Aber am meisten helfen die Verheißungsworte der Bibel. Für mich ist besonders wichtig ein Bekenntnis der Zuversicht, das Paulus im 8. Kapitel seines Römerbriefs formuliert hat. Er spricht dort von den Widerständen im Leben, von Leiden und auch vom Tod. Und dann bekennt er: Ich bin gewiss, dass uns nichts scheiden kann von der Liebe Gottes, die in Christus Jesus ist, unserem Herrn. Also auch nicht der Tod. Also darf man glauben, dass der verstorbene Mensch aufgefangen wird von Gottes Liebe und ganz geborgen ist. Und man darf glauben, dass man auch selbst von der gleichen Liebe nicht verlassen wird, sondern dass sie einen auch jetzt trägt auf dem Weg in die Zukunft

Grenzen

So Vieles, was früher selbstverständlich war, schaffe ich einfach nicht mehr, seufzt ein alter Mensch. Immer häufiger stoße ich an meine Grenzen! Das Alter macht schwächer. Es begrenzt Lebensmöglichkeiten. Aber »Grenzerfahrungen« gibt es nicht nur im Alter. Grund zum Seufzen hat auch der Student, der das Examen nicht geschafft hat und in seinem Selbstwertgefühl getroffen ist. Oder die Angestellte, die ihren Arbeitsplatz verloren hat und sich ausgeliefert fühlt an Entscheidungen, die sie nicht beeinflussen konnte. Aber es müssen gar nicht so einschneidende Ereignisse sein, die einen die eigene Schwachheit spüren lassen. Das ganze Leben über stößt man an Grenzen und muss oft seufzend sagen: Das schaffe ich nicht! Das übersteigt meine Möglichkeiten!

Andererseits: Wie viele Möglichkeiten haben wir innerhalb der Grenzen, die zum Menschsein gehören, Möglichkeiten, die das Leben reich machen und einen die eigene Kraft spüren lassen. Alte, körperlich schwache Menschen können für andere, für ihre Enkel z.B., sehr wichtig sein. Wenn etwas misslingt, bedeutet das nicht, dass nichts mehr gelingen kann. Es darf nicht das Vertrauen in die eigenen Gaben und Kräfte zerstören. Und auch nicht das Vertrauen, dass, wo die eigenen Möglichkeiten zu Ende sind, noch lange nicht alles zu Ende ist!

Schwachheit, die eigene Möglichkeiten ausschließt, aber gerade so das Gefäß ist für Gottes Möglichkeiten, ist eine Grunderfahrung des Glaubens. Nichts können wir tun, um wirklich glauben zu können, dass Gott mit uns ist und wir von ihm geliebt sind. Bei uns können wir keine Gründe finden, Gott zu vertrauen und auf ihn zu hoffen. Bei Paulus ist zu lesen, dass wir nicht einmal wissen, wie und was wir beten sollen. Und in der Tat schaffen wir in manchen Lebenssituationen gerade einmal ein Seufzen und werden den Zweifel nicht los, ob wir denn wirklich gehört werden. Aber Paulus weiß zugleich: Der Geist hilft unsrer Schwachheit auf. Er seufzt für uns, bringt unser Seufzen vor Gott, uns selbst mit allem, was wir brauchen, und vertritt uns so. Er ist es, der uns zum Vertrauen und Hoffen bringt. Denn – so Luther – er legt uns den »Schatz«, das Versprechen seiner Liebe, auf den Tisch und sorgt dafür, dass wir ihn auch nehmen. – Der Geist hilft unserer Schwachheit auf – Johann Sebastian Bach hat zu diesem Wort eine Motette komponiert, – zur Bestattung des Rektors der Leipziger Thomasschule. Ihre Klänge wollen ins Herz schreiben, dass wir selbst bei der Begegnung mit dem Tod, die uns so hilflos macht, nicht verzagen müssen. Gott lässt uns auch in ihr, wie in allen Grenzerfahrungen, nicht allein!

Die letzte Etappe

Ja, ich habe mich in einem Seniorenheim angemeldet. Jetzt möchte ich dort noch nicht einziehen; das hat noch Zeit. Aber wer weiß, wann es doch nötig wird! Irgendwann geht es nicht mehr allein. Und den Kindern möchte ich nicht zur Last fallen! – Solche und ähnliche Äußerungen älterer Menschen kann man häufig hören. Das Wissen um die abnehmenden Kräfte schwingt in ihnen. Man spürt oft auch die Furcht vor dem Abschied von der vertrauten Umgebung, den eigenen vier Wänden, der Nachbarschaft, manchmal sogar der Heimatstadt, vor allem die Furcht vor dem Abschied von der Selbständigkeit! Angewiesen sein auf fremde Hilfe – das ist für Viele eine schwer erträgliche Vorstellung! Manche der Älteren schieben dann den Wechsel in ein Haus, in dem sie betreut werden, so weit wie nur möglich hinaus, was die Kinder und Angehörigen oft mit Sorgen betrachten. Andere entschließen sich zu diesem Schritt bewusst in einem Stadium, in dem sie noch aktiv sein und in der neuen Umgebung noch etwas für andere tun können. Auch diese Entscheidung stößt nicht immer auf die Zustimmung der Angehörigen. Klar ist: die Entscheidung will gut bedacht sein, sollte auch mit den Angehörigen besprochen, dann aber bewusst und als eigene Entscheidung getroffen werden.

Ein schwerer Abschied ist es auf jeden Fall, wann immer die Entscheidung für den Übergang in ein Heim fällt. Vermutlich ist sie auch so schwer, weil man weiß, dass es wohl die letzte Station des Lebens ist. Auch in früheren Lebensphasen gab es die Abschiede bei denen man Vertrautes und vertraute Menschen zurück gelassen hat, bei Versetzungen zum Beispiel. Aber man konnte vermuten, dass man noch eine längere Strecke seines Weges vor sich hat! Das Heim macht auch deutlich: Die vor einem liegende Wegstrecke ist überschaubar geworden!

Aber auch für diese Etappe auf dem Lebensweg kann man mitnehmen, was hilft. Der Beter des 31. Psalms bekennt in einer Situation der Enge und der Angst: Meine Zeit steht in Deinen Händen! Auch die Zeit, deren Ende abzusehen ist. Auch die Zeit, in der man die voraussichtlich letzte Station erreicht hat. Wenn auch diese Zeit in Gottes Hand ist, also von ihm geschenkt und begrenzt wird, dann darf man auch für diese Zeit hoffen. Dann ist sie nicht sinnlos; das Leben in ihr ist nicht sinnlos. Man wird auch in dieser Zeit von Gott wert gehalten und gebraucht – vielleicht von Mitbewohnern im Heim; sicher mit Geduld, Freundlichkeit und Gebeten für andere. Und auch, wenn man ganz auf Hilfe angewiesen ist, wird man gebraucht, z.B. als Hinweis für andere, dass auch das bedürftige Leben wertvolles Leben ist und Achtung verdient!

Vom Leben im Alter

Wann ist man alt? Man sei so alt, wie man sich fühlt, heißt es. Aber es gibt eben auch Anzeichen für das Alter, die man ganz unabhängig von seinen Empfindungen nicht übersehen kann. Da sprechen Enkelkinder von ihrem künftigen Beruf, denken daran, dass sie einmal selbst Kinder haben werden – und man weiß, dass man an ihrem Ergehen nur noch begrenzt oder gar nicht mehr wird teilnehmen können. Man liest Todesanzeigen in der Zeitung und entdeckt, wie viele Menschen im gleichen Alter oder viel jünger aus dem Leben gerufen wurden. Es sind immer wieder die Abschiede, die an die Begrenzung des eigenen Lebens erinnern: Man verlässt seinen Beruf, dankt ab, gibt Tätigkeiten auf, die einem lieb geworden waren. Irgendwann man fängt an, seine Bücher abzugeben. Man zieht in eine kleinere Wohnung, vielleicht in ein Heim. Die Welt, in der man lebt, wird kleiner. Und dann die Verluste! Menschen, die zu einem gehörten, werden einem entrissen. Kräfte schwinden, Krankheiten melden sich; was vor kurzer Zeit noch möglich war, geht auf einmal nicht mehr. Und dann kann die Zeit kommen, in der man seine Selbständigkeit verliert und ohne die Hilfe anderer nicht mehr leben kann. All dies erinnert an die Grenze der Lebenszeit, an die sehr überschaubare Strecke, die noch vor einem liegt, an den Tod, den einer »die letzte Unverschämtheit des Lebens« nannte?

Wie kann man dieser »Unverschämtheit« begegnen? Was kann helfen, die Last des Alters zu tragen und mit ihr zu leben? Was macht Hoffnung und Freude im Alter? Schon in jüngeren Jahren kann man lernen, sich an dem gegenwärtig Möglichen zu freuen. Es ist oft das Kleine, Unscheinbare, das aber doch das Leben reich macht: ein sonniger Tag, die Begegnung mit einem Menschen, ein gutes Gespräch, ein Buch, das durch Gedanken und Bilder, die beim Lesen entstehen, erfreut. Man kann wahrnehmen, wie schön es ist, Menschen zu haben, die zu einem gehören: Kinder, Enkel, Freunde. Man kann lernen, wie reich man das Leben Anderer machen kann – durch die Zeit, die man für sie hat, aber auch dadurch, dass man ihre Hilfe in Anspruch nimmt und sich gerne helfen lässt. Man kann das Abschiednehmen von so Vielem im wörtlichen Sinne als »Abdanken« verstehen, als dankbares Zurückschauen auf Vergangenes. Man kann entdecken, dass die Begrenzungen des Alters auch Freiheit bringen: Man muss nicht mehr alles Mögliche leisten, muss nicht mehr Erfolge vorweisen und läuft nicht mehr so leicht Gefahr, sich selbst für das, was man tut, rechtfertigen zu wollen. Das Wichtigste ist aber die Zusage, die man beim Propheten Jesaja findet: dass Gott im Alter derselbe bleibt und einen trägt, wenn man grau wird. Es ist der Gott, von dessen Liebe nichts trennen soll, nicht einmal der Tod. Das ist der entscheidende Grund für Hoffnung auch im Alter!

Was Generationen trennt und verbindet

Sie sind so anders – die Jungen! Und sie leben in einer anderen Welt! Als Älterer stellt man es immer wieder seufzend fest. Zum Beispiel, wenn eine fremde Musik aus dem Zimmer der Kinder und Enkel dröhnt. Oder wenn deren Kleidung dem eigenen Geschmack und deren Lebensstil den eigenen Vorstellungen widersprechen. Aber es gibt auch die anderen Beispiele: Wenn der Sohn oder die Tochter ein Computerproblem mühelos löst und der Vater darüber nur staunen kann. Oder wenn junge Leute manchmal überraschend interessiert nach Erlebnissen und Erfahrungen der Älteren fragen. – Es gibt auch Brücken über den garstigen Graben der Zeit zwischen den Generationen.

Aber dass dieser Graben tief ist, empfindet man doch. Dies hängt vermutlich damit zusammen, dass die Veränderungen, welche die Älteren erlebt haben, gewaltig sind. Man muss nur einen Augenblick daran denken, wie anders deren Kindheit und Jugend aussah: Krieg und Nachkriegszeit mit ihren Entbehrungen, mit Hoffnung auf eine bessere Zukunft, auch mit Verdrängung des Vergangenen. Menschen, die noch fraglose Autorität waren, gehören in diese Zeit, Traditionen und Verhaltensmuster, die heute verblasst oder ganz verschwunden sind. – Die Jungen müssen sich dagegen in einer Welt der Vielfalt und des Überflusses zurechtfinden. Sie fühlen den Druck, haben zu müssen, was »in« ist und stoßen dabei an Grenzen ihrer Möglichkeiten. In der Vielfalt der Überzeugungen und Lebensmodelle fühlen sie sich freier als die Generationen vor ihnen, die oft überstrengen Normen ausgesetzt waren. Sie müssen aber mehr als diese und ohne verbindende Leitlinien Orientierung suchen und sich entscheiden. – Brücken über diesen Graben zwischen den Generationen entstehen, wenn das Gespräch zwischen ihnen nicht abreißt. Manchmal gelingt ein solches Gespräch mit den Jungen eher den Großeltern, weil der Abstand ihrer Erfahrungen von denen der Jungen so groß ist und ihre Erzählungen darum Neugier wecken. Manchmal sind es neben den Eltern ältere Freunde der Familie oder auch Lehrer, bei denen Junge wie von selbst auf Fragen stoßen wie: Wer bin ich? Was soll ich? Wohin führt mein Weg in meiner Zeit und wie kann ich ihn finden? Was hilft mir, wenn ich leiden muss? Was gibt meinem Leben Sinn? Antworten auf solche Fragen finden sich in den großen Erzählungen der Bibel, die von Gott und Menschen handeln, in den Worten von Schuld und Leid, von Befreiung und Aufbruch, von Trost und Hoffnung, von Liebe und Gerechtigkeit. Es ist darum gut, wenn die Älteren auch erzählen können, wie sie selbst in ihnen Halt und Orientierung gefunden haben. Denn es sind Worte, die nicht veralten und die Generationen miteinander verbinden.

Verstand und Respekt

Von Johann Peter Hebel, dessen Geburtstag heute in seiner Heimat begangen wird, stammt folgende Szene: Ein Bauer trifft den Schulmeister seines Dorfes im Feld und fragt ihn: Ist das euer Ernst, was ihr gestern den Kindern zergliedert habt: So dich jemand schlägt auf deinen rechten Backen, dem biete den anderen auch dar? Darauf der Schulmeister: So steht es im Evangelium! Darauf gibt ihm der Bauer eine Ohrfeige und gleich noch eine, denn er hat schon lange etwas gegen den Schulmeister. In einiger Entfernung reitet ein Edelmann vorbei, sieht es und schickt seinen Jäger, nachzusehen, was da im Gange ist. Als der bei den beiden ankommt, gibt der Schulmeister dem Bauern auch zwei Ohrfeigen und sagt: Es steht auch geschrieben: Mit welcherlei Maß ihr messet, wird euch wieder gemessen werden. Ein voll gerüttelt und überflüssig Maß wird man in euren Schoß geben. Und bei dem letzten Sprüchlein gibt er ihm noch ein halbes Dutzend drein. Da geht der Jäger zu seinem Herrn zurück und sagt: Es hat nichts zu bedeuten; sie legen einander nur die Heilige Schrift aus!

Es ist zu vermuten, dass Hebel schmunzelte, als er die Szene aufgeschrieben hat. Aber er fügte dann doch ein ernstes »Merke« an. Man soll die Heilige Schrift nicht auslegen, wenn man's nicht versteht. Und er lässt den Edelmann den fehlenden Verstand und den Mangel an Respekt vor der Bibel beklagen.

Verstand und Respekt bei der Auslegung und Anwendung der Bibel für das Denken und Leben – in bewusster Übertreibung macht Hebel in seiner Szene auf ein Problem aufmerksam, auf das man heute immer noch stößt:

Fehlt es nicht an Verstand, wenn man meint, die Zeitbindung auch biblischer Texte übersehen und übergehen zu können? Wenn man nicht wahrhaben will, dass mit den Worten, durch die Gott heute noch mit Menschen spricht, untrennbar vergangene und nicht mehr verbindliche Bilder und Vorstellungen über Welt und Leben verbunden sind?

Fehlt es nicht an Respekt, wenn man beim Übersetzen und Auslegen der Bibel in Texte Gedanken und Überzeugungen einträgt, die dort nicht zu finden sind? Wenn man Worte der Bibel als Bestätigung eigener, nicht aus der Bibel gewonnener Überzeugungen missbraucht, um zum Beispiel um Verhaltens- oder Gesellschaftsmodelle durchzusetzen?

Im Zentrum der biblischen Botschaft steht Gottes Barmherzigkeit. Wenn Menschen ihr vertrauen, erneuert sie nach Paulus das Denken und macht so fähig zu prüfen, was gut ist. Vertrauen und Verstand wirken dabei zusammen und können finden, was gut ist für das Leben und das Zusammenleben.

Barmherzigkeit schafft Frieden

Es sind manchmal gerade Beispiele aus der Vergangenheit, die an Notwendiges in der Gegenwart erinnern. So ist es auch mit dem Leben einer Frau aus dem 13. Jahrhundert: Mit vier Jahren wurde die ungarische Königstochter mit dem Sohn des Landgrafen von Thüringen verlobt und zur Erziehung in die Heimat ihres Verlobten geschickt. Sie wuchs auf der Wartburg, am Hof des Landgrafen, auf. Ihr Verlobter starb. Landgraf wurde der jüngere Ludwig. Der verliebte sich in die Heranwachsende, verhinderte, dass sie nach Ungarn zurückgeschickt wurde und heiratete die Vierzehnjährige. Die Ehe wurde sehr glücklich, drei Kinder hat die Landgräfin geboren. Die Rede ist von Elisabeth von Thüringen. Um ihre Biographie haben sich zahlreiche Legenden gerankt. Nicht legendär ist, dass sie sich in aufopfernder Weise um Arme, Kranke, Hilfsbedürftige gekümmert hat. Dem Widerstand der Familie ihres Mannes, Verleumdungen und dem Vorwurf der Verschwendung öffentlicher Gelder hat sie standgehalten. Nach dem Tod ihres Mannes auf dem fünften Kreuzzug wurde sie von der Wartburg vertrieben und lebte zunächst selbst in großer Armut. Als man ihr Witwengut herausgegeben hatte, stiftete sie in Marburg ein Spital und arbeitete dort selbst als Pflegerin. Mit 24 Jahren starb sie, aufgezehrt in der Fürsorge für andere.

Warum ist dieses Leben heute noch bedeutsam? Es weist in extremer Weise auf die Bedeutung der Barmherzigkeit hin, ohne die das Zusammenleben unmenschlich wird. Wenn Hilfsbedürftige übersehen werden, breitet sich in einer Gesellschaft Kälte aus. Wenn sie wahrgenommen werden und manchmal auch gegen Widerstände Zuwendung erfahren, wird man ihnen gerecht. So hilft Barmherzigkeit zu mehr Gerechtigkeit. Mehr Gerechtigkeit aber macht Frieden möglich. Der Gerechtigkeit Frucht wird Friede sein, heißt es schon beim Propheten Jesaja. Diese alte Erkenntnis gilt auch im alltäglichen Zusammenleben unserer Gesellschaft, in der Behinderte und Nichtbehinderte, Leistungsfähige und weniger Leistungsfähige, Junge und Alte, Einheimische und Fremde die gleiche Würde haben und menschenwürdig leben sollen. Dass sie auch global Geltung hat und der Weltfriede nicht erreicht werden kann, ohne dass den Armen und Benachteiligten der Erde mehr Gerechtigkeit widerfährt, wissen wir. Dazu bedarf es in unserer Gesellschaft und weltweit Ordnungen, die dem menschlichen Arbeiten und Wirtschaften Raum geben, die aber zugleich die Benachteiligten vor Ausbeutung schützen. Ordnungen allein schaffen das allerdings nicht. Immer wird Barmherzigkeit nötig sein, wie sie Einzelne in der Zuwendung zu anderen verwirklichen. Und Beispiele sind nötig, die als Vorbilder dazu anregen.

Printed by Books on Demand GmbH, Norderstedt / Germany